中学校社会サポートBOOKS

単元を貫く学習課題でつくる！

中学校 公民 の 授業展開 & ワークシート

川端裕介 著

明治図書

まえがき

　新学習指導要領の中学校の全面実施まで，約1年となりました。社会科の授業は，どのように変化するのでしょうか。「主体的・対話的で深い学び」「見方・考え方」「カリキュラム・マネジメント」などの新しい概念については，文部科学省の資料でも様々な説明がされ，関連書籍も発行されるなど，理論面での理解は広がっているように思います。

　しかし，その理論を毎日の具体的な実践として生かすのは，簡単なことではありません。「働き方改革」の必要性が叫ばれ，生徒と向き合う時間の確保も難しい状況で，経験の少ない先生方や多くの校務を抱える先生方にとって，新しい学びの形を考える余裕はないかもしれません。

　また，「これまでの社会の授業と大きく変わるわけではない」と楽観視する意見もありますが，必ずしもそうは言いきれません。学習する知識や技能に同じ部分があったとしても，生徒が「見方・考え方」を働かせる機会を確保して「主体的・対話的で深い学び」を実現できるように，単元の計画や学習展開を新たにデザインしなければならないからです。

　特に，公民的分野では現代社会の問題をつかみ，解決のために取り組むべき課題を設定し，解決の方法を構想するような探究的な活動を行うことが重要です。これまでの授業実践の経験や研究の蓄積を生かしながら，新学習指導要領に合わせて授業改善を図る必要があります。

　そこで，本書は新学習指導要領に沿って，公民的分野におけるすべての単元を取り上げ，各単元の目標と各時間の目標と概要，主な授業の展開例とワークシートを掲載しています。授業展開例には，現代社会の「見方・考え方」を働かせるポイントを具体的に示しています。

　また，「主体的・対話的で深い学び」のためには，単元のまとまりの中で課題を探究することが大切です。そこで，新学習指導要領の内容に基づいて，すべての単元で「単元を貫く学習課題」を設定しました。巻末には，その解答例を掲載しています。昨年発刊した『単元を貫く学習課題でつくる！中学校地理の授業展開＆ワークシート』及び『単元を貫く学習課題でつくる！中学校歴史の授業展開＆ワークシート』と合わせて，新学習指導要領に基づく網羅的で新しい社会科の学習指導の実践例を提示するのは，初めての試みかと思います。

　以上のように，新学習指導要領の趣旨を反映させながらも，研究授業などの特別な機会に活用するというよりは，普段の授業改善に資する一冊になるようにしました。あくまで，目の前の生徒たちに対して，よりよい学びの機会を設けるのがねらいです。

　単元を貫く学習課題の有用性や見方・考え方を働かせる工夫の方法については，研究の蓄積が必要です。私自身，地理編や歴史編に対していただいた意見を基に，公民編では課題の設定や発問を改善しました。本書が1つの足がかりとなって，これからの社会科の授業の在り方について議論が深まり，実践が広がっていけば幸いです。

2020年1月

川端　裕介

本書の使い方

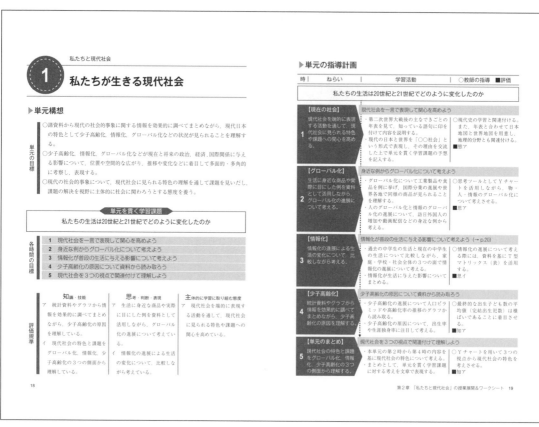

単元構想

　平成29年告示の新学習指導要領に基づいて，公民的分野のすべての単元の目標と評価規準を設定しました。評価規準については，新学習指導要領に合わせて3観点にしました。指導案等の作成の参考になると思います。

　また，すべての単元について「単元を貫く学習課題」を設定し，その課題の探究に必要な各時間の目標を紹介したのが，本書の大きな特徴です。

単元の指導計画

　すべての単元の指導計画を掲載しています。新学習指導要領に準拠しながら，公民的分野の全時間の学習展開を網羅しました。また，各時間については，ねらいと主な学習活動と教師の指導の要点を示しました。

　生徒が現代の社会の特色や課題を理解できるように，単元のまとまりや単元の構成を工夫することが重要です。1つの参考になればと思います。

社会的な見方・考え方を働かせる授業展開

「現代社会の見方・考え方」を働かせ、深い学びを実現するための授業展開例です。生徒に着目させる視点と考え方を具体的に紹介しています。

また、導入・展開・まとめの1単位時間の流れと、それぞれの場面で主となる発問や活動、留意点を紹介しています。本書の内容に沿って進めると、授業が基本的には成り立つように構成しました。

本時のワークシート

そのままコピーして使えるように、左の授業展開に沿ったワークシートを用意しました。もちろん、内容を参考にして別のワークシートを作成したり、修正したりするなど、目的や先生方の授業のスタイルに応じて改変していただければと思います。なお、資料については教科書などに掲載されたものを基本として、収集や用意の負担がかかりにくいように配慮しました。

目 次

第1章

単元を貫く学習課題でつくる
公民的分野の授業

第2章

「私たちと現代社会」の
授業展開＆ワークシート

_第**3**_章

「私たちと政治」の
授業展開＆ワークシート

第**4**章

「私たちと経済」の授業展開＆ワークシート

第 **5** 章

「私たちと国際社会の諸課題」の
授業展開＆ワークシート

単元を貫く学習課題でつくる
公民的分野の授業

1 単元を貫く学習課題の設定

▶単元のまとまりを見通す指導の重要性

　単元を貫く学習課題とは，1つの単元の学習の中で継続して生徒が追究する課題を指します。学習指導要領で言えば内容の(1)や(ア)などのまとまりであり，教科書では数単位時間ごとの内容のまとまり（いわゆる小単元）に該当します。

　社会科のこれまでの授業では，1時間の授業が重視されてきた傾向があります。「学習課題が大事」と言われる場合，それは1時間の授業の課題を指し，黒板に掲示するのも，本時の学習課題や目標ばかりでした。単元の目標については，年間指導計画や学習指導案に記載はあっても，生徒が把握していなかったり，教師も意識していなかったりすることが多かったと思います。

　しかし，新学習指導要領の実施に伴って，単元全体を見通した指導が重視されるようになります。例えば「単元など内容や時間のまとまりを見通して，その中で育む資質・能力の育成に向けて，生徒の主体的・対話的で深い学びの実現を図るようにすること」（『中学校学習指導要領（平成29年告示）』の社会科「第3　指導計画の作成と内容の取扱い」の1(1)より引用）とあるように，1時間の授業だけではなく，1つの単元のまとまりを重視することが求められています。単元全体を見通した指導には，各時間の主発問よりも高次の問いとして単元を貫く学習課題を設定することが有効です。それが，主体的・対話的で深い学びにつながります。

　特に，公民的分野では現代社会の特色を理解した上で課題を探究するために，個別の知識の習得に終始せず，各時間の授業を関連付け，さらに各単元を関連付けることが大切です。そのような学習の構造化には，単元を貫く学習課題を設定することが有効に機能します。

▶授業改善の効果

　単元を貫く学習課題を設定することは，次の4点で授業改善を図る効果があります。1点目に，教師にとっては一貫性のある指導が可能となります。単元の目標が形式的なものではなく，授業の柱として機能するため，各時間の授業の内容を関連付けた計画的な指導ができます。

　2点目に，評価に活用できます。単元を貫く学習課題に対する生徒の考えは，学習を進めるごとに次第に変容し，概念的な知識の獲得へ向かいます。単元を貫く学習課題を設定することで，生徒を励ましながら変容の姿を評価することができます。例えば「関心・意欲・態度」を評価する場合，生徒の挙手の回数など表面的な行動ではなく，単元を貫く学習課題を追究する姿勢や，学習の中で関連する新たな課題を見いだした事実などから評価できるようになります。

３点目に，生徒が学習の見通しをもてます。単元の学習を通して何ができるようになれば良いのかを実感できるので，課題の解決を視野に，意欲的に各時間の学習に臨むことができます。

　４点目に，単元を貫く学習課題を設定することで，生徒は課題を探究しながら社会的事象の特色を的確に理解できます。公民的分野の各単元は，現代社会の特色をそれぞれの要素からまとめて構成されています。生徒が現代社会の課題をつかみ，その解決に向けて考察する際には，１時間の学習課題よりも単元を貫く学習課題が効果的です。

　なお，中学生が社会を変えるのは難しいので考えても役に立たないという批判がありますが，役に立つことより意味があることに着目すべきです。課題意識をもって考えて表現する過程を適切に評価し，意味づけすることで，将来にわたって主体的に学ぶ力が養われます。

　以上の４点の効果は，新学習指導要領が掲げる「主体的・対話的で深い学び」の実現につながります。とくに，「主体的」で「深い学び」は，これまでに学習した内容や知識をつなげることが重要で，１度の授業だけでは実現が難しいため，単元を貫く学習課題の設定が必要です。

▶単元を貫く学習課題の設定の仕方

　１つの単元の学習は，短くて４時間ほど，長い単元であれば10時間ほどになる場合もあります。実際の授業では，数週間にわたって生徒が意識できるような課題の設定が求められます。

　本書では，単元を貫く学習課題を問いの形で設定しました。その問いの質が重要です。問いが抽象的だと，生徒の印象にも残らずに課題が有名無実化します。逆に具体的にしすぎると，学習指導要領が定める内容や単元の全体の目標がずれたり，単元の目標と各時間の目標が一致しなくなったりします。目標の達成に向けた適切な課題の設定は，容易ではありません。

　そこで，黒板やワークシートに１行で収まる程度で，かつ生徒の関心を高め，単元の目標と内容に合致するという条件を設定して，それに基づいて単元を貫く学習課題を考えました。生徒の実態や指導のスタイルに応じて，修正や変更を加えながら活用していただければ幸いです。

▶単元構想の工夫

　単元を貫く学習課題は，原則としては単元の最初の学習で提示し，課題に対する最初の考えを記入させます。これまでの学習や生活の経験を基に，予想する形になります。そして，単元の学習の最後に，学習した内容をふまえて再び単元を貫く学習課題に対する考えをまとめます。

　課題に対する考えは，毎時間記入させると生徒が変容を自覚し，教師も把握できます。しかし，現実的には時間の確保が難しいため，単元の最初と最後に単元を貫く学習課題に対する考えを表現する形を勧めます。逆に，予想が立てにくい課題は，単元の最後の時間にじっくりと考える方法もあります。大切なのは，すべての単元で単元を貫く学習課題を立てることです。また，毎時間の授業で単元を貫く学習課題を示し，関連した発問をすることも重要です。カリキュラム・マネジメントを意識し，単元を貫く学習課題を中心に学習をデザインしましょう。

2 公民的分野で働かせたい「社会的な見方・考え方」

▶「見方・考え方」は学びを照らす明かり

　そもそも「見方・考え方」とは何なのでしょうか。新学習指導要領によると，「見方・考え方」とは「各教科等の特質に応じた物事を捉える視点や考え方」であると定義付けられ，「新しい知識及び技能を既にもっている知識及び技能と結び付けながら社会の中で生きて働くものとして習得したり，思考力，判断力，表現力等を豊かなものとしたり，社会や世界にどのように関わるかの視座を形成したりするために重要なものであり，習得・活用・探究という学びの過程の中で働かせることを通じて，より質の高い深い学びにつなげることが重要である」(『中学校学習指導要領（平成29年告示）解説　総則編』)と説明がされています。

　つまり，生きて働く知識・技能の習得，思考力・判断力・表現力の育成，学びに向かう力・人間性の涵養といった資質・能力の育成の鍵になる視点や方法が，「見方・考え方」を働かせた「深い学び」です。イメージとしては，生徒が目標に到達するための道筋は，次第に深く，難解になります。その道を照らす明かりや指針となるような，考察や構想の視点や方法が「見方・考え方」と言えます。「見方・考え方」を働かせると，生徒は考察に必要な知識・技能や考察の視点や方法を明確にイメージできます。その結果，課題の探究や解決において，各単元や各時間の目標から外れることや論拠に欠ける考察になることを防ぎ，「深い学び」が実現できます。

▶公民的分野における「現代社会の見方・考え方」

　各教科の「見方・考え方」には，教科の特質が反映されます。社会科の公民的分野の場合は，「現代社会の見方・考え方」として，空間の広がりという地理的な「横」の視点と，時間の推移という歴史的な「縦」の視点，さらに小学校で学習した視点や方法を生かすことが大切です。新学習指導要領では「『対立と合意』，『効率と公正』，『個人の尊重と法の支配』，『民主主義』，『分業と交換』，『希少性』，『協調』，『持続可能性』などといった政治，法，経済などに関する基本的な概念に着目したり，これらの概念を関連付けたりして考えること」(『中学校学習指導要領（平成29年告示）解説　社会編』の「第2章　第2節　3　公民的分野の目標，内容及び内容の取扱い⑶」より引用)で，生徒が社会的事象の関連性や持続可能性などの概念の解釈を的確にし，課題解決の在り方をより公正に判断できると説明されています。

　なお，「見方・考え方」は明確には分類されていないものの，社会科においては上記の視点や概念の部分を「見方」，考察する方法を「考え方」と捉えて良いでしょう。これらの「見

方・考え方」を生徒が働かせるように工夫することで「深い学び」が実現できます。

　特に，公民的分野では課題の解決に向けて探究する学習を行います。探究の際に感情的で論理性に欠ける意見や，「新しい技術を発明する」など，非現実的で社会科の学習から外れるような発想に陥らないようにするために，現代社会の見方・考え方を働かせることが必要です。

▶単元の中での「見方・考え方」の働かせ方

　新学習指導要領における「深い学び」は，１時間の授業ではなく，単元や題材などの一連の学習の中で実現を目指すものです。それは，ある時間では「深い学び」をせず，別の時間では徹底的に「深い学び」をするという意味ではありません。単元全体で少しずつ学びを深めることができるように工夫することが大切です。同様に，「深い学び」の鍵となる「見方・考え方」についても，単元全体の中で生徒の「見方・考え方」を鍛えるようにすることが重要です。働かせたい視点や考え方を明確にし，単元の計画に位置付けるようにしましょう。

　なお，本書では見方・考え方を働かせながら思考を可視化・構造化するために，思考ツールを活用した授業展開例があります。参考にしたのは関西大学初等部著『思考ツール』（さくら社，2013），同『思考ツールを使う授業』（さくら社，2014），田村学・黒上晴夫・滋賀大学教育学部附属中学校著『こうすれば考える力がつく！中学校　思考ツール』（小学館，2014）です。

▶授業の中での「見方・考え方」の働かせ方

　授業の中で「見方・考え方」を働かせるためには，考えたり構想したりする視点を明確にしながら発問を行うことがポイントです。公民的分野では，次のようなパターンが考えられます。

①対立と合意，効率と公正に関する発問の例

　「多様な民意を反映するために，国会改革として最優先で行うべきことは何か」

　「ふるさと納税の返礼品競争が激しくなると，各市町村の財政にどのような影響が起きるか」

②個人の尊重と法の支配，民主主義に関する発問の例

　「日本国憲法によって，国民の権利や国の仕組みはどのように変化したのか」

　「教育を受ける権利が保障されると，なぜ国民の生活はよりよくなるのだろうか」

③分業と交換，希少性に関する発問の例

　「なぜ日本の企業は，わざわざ海外の自社工場で生産したものを国内に輸入するのか」

　「ある選択をした時に失われる費用は，お金以外に何があるか」

④協調，持続可能性に関する発問の例

　「なぜ世界で140億人分の穀物が生産されているのに，８億人が飢餓の状態にあるのか」

　「発展途上国のために，日本は環境保護と経済発展のどちらの技術を中心に支援すべきか」

　これらの例のように，発問における視点や考え方を明確にして授業を展開しましょう。そのような工夫によって，生徒は見方・考え方を働かせながら学習ができるようになります。

Column 1 〉〉 公民的分野における ワークシート作成のポイント

❶ 授業のスタイルに応じてワークシートを活用

　授業によって，生徒が使う教具は千差万別です。ノートのみ，ノートとワークシートの併用，ワークシートのみなどに加え，ＩＣＴを活用する場合もあるでしょう。ワークシートも，別途ファイリングするかノートに貼るかなど，教師の数だけパターンがあると言えます。

　いずれにせよ，公民的分野では，語句とその説明を書きすぎると受け身の知識伝達型の授業になり，生徒の頭と心はアクティブになりません。そこで，説明は最小限にして生徒が考えながら知識を習得し，その知識を活用しながら学習内容を理解できるようにしましょう。

　私の場合は左下のように，見開きを１単位時間の学習として，左をワークシート，右をノートにしています。左側のワークシートには単元を貫く学習課題を明記しています。右側のノートには本時の目標や板書の補足事項の他，生徒が調べたり考えたりした内容を記入するようにしています。ただし，本書ではワークシートを使うだけで１単位時間の指導ができるように，ワークシートを修正しました。先生方のスタイルに合わせて，柔軟にご活用ください。

❷ 単元の大きな流れを可視化するワークシートの工夫

　私の場合は，単元の導入で右下のようなワークシートを別途配布します。上から順に，単元を貫く学習課題とその予想，各時間の目標，単元のまとめという構成です。Ａ５サイズなので，記入の時間は10分もかかりません。効率的かつ効果的に，単元全体を見通した学習ができます。必要に応じて，各時間で学習する基礎的な語句や，単元の評価基準などを掲載するのも良いでしょう。

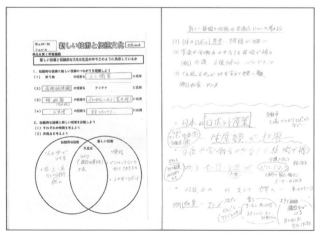

第 **2** 章

「私たちと現代社会」の
授業展開&ワークシート

1 私たちが生きる現代社会

▶単元構想

単元の目標

○諸資料から現代の社会的事象に関する情報を効果的に調べてまとめながら，現代日本の特色として少子高齢化，情報化，グローバル化などの状況が見られることを理解する。

○少子高齢化，情報化，グローバル化などが現在と将来の政治，経済，国際関係に与える影響について，位置や空間的な広がり，推移や変化などに着目して多面的・多角的に考察し，表現する。

○現代の社会的事象について，現代社会に見られる特色の理解を通して課題を見いだし，課題の解決を視野に主体的に社会に関わろうとする態度を養う。

◀ 単元を貫く学習課題 ▶

私たちの生活は20世紀と21世紀でどのように変化したのか

各時間の目標

1	現代社会を一言で表現して関心を高めよう
2	身近な例からグローバル化について考えよう
3	情報化が普段の生活に与える影響について考えよう
4	少子高齢化の原因について資料から読み取ろう
5	現代社会を3つの視点で関連付けて理解しよう

評価規準

知識・技能	思考・判断・表現	主体的に学習に取り組む態度
ア 統計資料やグラフから情報を効果的に調べてまとめながら，少子高齢化の原因を理解している。 イ 現代社会の特色と課題をグローバル化，情報化，少子高齢化の3つの側面から理解している。	ア 生活に身近な商品や実際に目にした例を資料として活用しながら，グローバル化の進展について考えている。 イ 情報化の進展による生活の変化について，比較しながら考えている。	ア 現代社会を端的に表現する活動を通して，現代社会に見られる特色や課題への関心を高めている。

▶単元の指導計画

時	ねらい	学習活動	○教師の指導　■評価

| | | 私たちの生活は20世紀と21世紀でどのように変化したのか | |

1	**【現在の社会】** 現代社会を端的に表現する活動を通して，現代社会に見られる特色や課題への関心を高める。	**現代社会を一言で表現して関心を高めよう** ・第二次世界大戦後の主なできごとの年表を見て，知っている語句に印を付けて内容を説明する。 ・現代の日本と世界を「○○社会」という形式で表現し，その理由を交流した上で単元を貫く学習課題の予想を記入する。	○現代史の学習と関連付ける。また，年表と合わせて日本地図と世界地図を用意し，地理的分野とも関連付ける。 ■態ア
2	**【グローバル化】** 生活に身近な商品や実際に目にした例を資料として活用しながら，グローバル化の進展について考える。	**身近な例からグローバル化について考えよう** ・グローバル化について工業製品や食品を例に挙げ，国際分業の進展や世界各地で同様の商品が見られることを理解する。 ・人のグローバル化と情報のグローバル化の進展について，訪日外国人の増加や動画配信などの身近な例から考える。	○思考ツールとしてＹチャートを活用しながら，物・人・情報のグローバル化について考えさせる。 ■思ア
3	**【情報化】** 情報化の進展による生活の変化について，比較しながら考える。	**情報化が普段の生活に与える影響について考えよう**（→ p.20） ・過去の中学生の生活と現在の中学生の生活について比較しながら，家庭・学校・社会全体の３つの面で情報化の進展について考える。 ・情報化が生活に与えた影響についてまとめる。	○情報化の進展について考える際には，資料を基にＴ型マトリックス（表）を活用する。 ■思イ
4	**【少子高齢化】** 統計資料やグラフから情報を効果的に調べてまとめながら，少子高齢化の原因を理解する。	**少子高齢化の原因について資料から読み取ろう** ・少子高齢化の進展について人口ピラミッドや高齢化率の推移のグラフから読み取る。 ・少子高齢化の原因について，出生率や生涯独身率に注目して考える。	○最終的な出生子ども数の平均値（完結出生児数）は横ばいであることに着目させる。 ■知ア
5	**【単元のまとめ】** 現代社会の特色と課題をグローバル化，情報化，少子高齢化の３つの側面から理解する。	**現代社会を３つの視点で関連付けて理解しよう** ・本単元の第２時から第４時の内容を基に現代社会の特色について考える。 ・まとめとして，単元を貫く学習課題に対する考えを文章で表現する。	○Ｙチャートを用いて３つの視点から現代社会の特色を考えさせる。 ■知ア

第3時 本時の目標
情報化が普段の生活に与える影響について考えよう

1 導入　昔の中学生の生活を知る

「情報化が進む前と後では，中学生の生活はどのように変わっただろうか」と問い，教師が中学生の頃の1日の生活を資料として提示し，内容を表に記入させる（ワークシートの❶①〜③）。当時の卒業アルバムの写真などを合わせて紹介すると生徒の興味を引くことができる。

2 展開　現在の生活の特色を情報化の面から考える

「現在の中学生の生活はどのように変わったか。情報機器の利用に注目して考えよう」と発問し，表を完成させる（ワークシートの❶④〜⑥）。自分の普段の生活を思い出させながら，表への記入を促す。学校については変化が少ないという意見が出ることもある。なお，表（マトリクス）についてはＴ字型にすることで過去と現在の比較が容易になる。完成した表は小グループで交流した上で，いくつかの例を実物投影機やタブレットを活用して全体で共有する。

> **見方・考え方を働かせるポイント ▸▸▸**
> 日本における情報化の進展という現代社会の特色に着目させ，歴史的分野で培った推移の視点を生かしながら，家庭・地域・学校という3つの側面から多面的に考えることで見方・考え方を働かせる。

3 まとめ　情報化が生活に与えた影響についてまとめる

「表の内容を使って，情報化によって生活がどのように変わったか，一文でまとめよう」と指示する（ワークシートの❷）。グローバル化との関連に着目させると多面的な理解につながる。

ワークシートの解答例

❶ (1)① （例）趣味の時間にテレビ番組を見る。録画は手動。ゲーム機で遊ぶ。音楽はCDやMDで聞く。友達とは家の電話で話す（ポケベルは少数派）。

　　② （例）黒板の内容をノートに写す。パソコンの授業はない。

　　③ （例）衛星放送によるニュースが流れる。パソコンや携帯電話は特定の人が使うもの。

　(2)④ （例）ゲーム機やスマートフォン，タブレットで遊ぶ。オンラインで協力しながらゲームをする。SNSでメッセージのやりとりをする。動画を見る。音楽はダウンロード。テレビ番組は自動録画をして後で見る。

　　⑤ （例）先生や生徒がタブレットやパソコンを使って授業をする。

　　⑥ （例）インターネットや携帯電話が広がって，生活の様々な場面で使われる。

❷ （例）コンピューターやインターネットを当たり前に使うようになった。他者や世界とつながる。

単元を貫く学習課題 ▶ 私たちの生活は20世紀と21世紀でどのように変化したのか

情報化

今日の目標 ▶ 情報化が普段の生活に与える影響について考えよう

❶ 情報化によって生活はどのように変わったか考えよう。

(1)別紙の資料を参考にして，25年前の中学生の生活の例を，表の①〜③に記入しよう。

(2)あなたの生活を振り返って表の④〜⑥に記入しよう。

25年前	生活	現在
①	家庭	④
②	学校	⑤
③	社会全体	⑥

❷ 上の表を使って，情報化によって生活がどのように変わったかまとめよう。

② 現代につながる伝統と文化

▶単元構想

単元の目標

○諸資料から現代の社会的事象に関する情報を効果的に調べてまとめながら，現代社会における文化の意義や影響を理解する。

○文化の継承と創造の意義について，生活の中に見られる伝統的な考え方や信仰，主観などの影響や，伝統や文化と自然や社会との関わりなどに着目して多面的・多角的に考察し，表現する。

○現代の社会的事象について，現代社会に見られる特色の理解を通して課題を見いだし，自国の伝統と文化を大切にし，他国の伝統と文化を認め，尊重しようとする態度を養う。

単元を貫く学習課題

新しい技術と伝統的な文化は生活の中でどのように共存しているか

各時間の目標

1	伝統的な考えや文化が生活に与える影響を理解しよう
2	日本の文化が世界でどのように紹介されているか情報を収集しよう
3	新しい技術と古い伝統に共通点はないか考えよう
4	新しい技術と伝統的な文化の共存の姿に関心を高めよう

評価規準

知識・技能	思考・判断・表現	主体的に学習に取り組む態度
ア　日本の習慣や信仰を通して，伝統的な考えや文化と生活との関連性を理解している。 イ　世界における日本の文化の紹介や広がりについての情報を精選しながら収集している。	ア　新しい技術と伝統的な文化を比較しながら，共通点について考えている。	ア　普段の生活の中で新しい技術と伝統的な文化が共存していることや，自国や他国の文化を尊重することに関心を高めている。

▶単元の指導計画

時	ねらい	学習活動	○教師の指導　■評価

新しい技術と伝統的な文化は生活の中でどのように共存しているか

時	ねらい	学習活動	○教師の指導　■評価
1	【現代につながる伝統と文化】 日本の習慣や信仰を通して，伝統的な考えや文化と生活との関連性を理解する。	**伝統的な考えや文化が生活に与える影響を理解しよう** ・カレンダーから日本の主な年中行事を探す。 ・年中行事の由来や，現代のような形になった時期について調べる。 ・地域による年中行事の違いを資料から理解する。 ・単元を貫く学習課題について，現時点での考えを記入する。	○年中行事の由来を調べる際には歴史的分野の既習事項を活用する。 ○年中行事の宗教的な意味や地域間の差について考える際には地理的分野の既習事項を活用する。 ■知ア
2	【世界の中での日本の文化】 世界における日本の文化の紹介や広がりについての情報を精選しながら収集する。	**日本の文化が世界でどのように紹介されているか情報を収集しよう** ・世界各国における日本の文化の扱われ方についてインターネットを活用し，ジグソー学習で調べる。課題別グループは世界の6つの州ごとに分かれて調べる。 ・ジグソーグループになり，各国での日本の文化の紹介の様子について情報を共有した上で，共通点について考える。	○事前に参考となるようなサイトを数種類用意する。インターネットを利用しづらい状況であれば，資料を用意する。 ■知イ
3	【新しい技術と伝統文化】 新しい技術と伝統的な文化を比較しながら，共通点について考える。	**新しい技術と古い伝統に共通点はないか考えよう（→ p.24）** ・最新の科学技術や建造物と日本の伝統的な技術や建造物との関連性について考える。 ・最新の技術と伝統的な技術の違いや，共通する特徴を理解する。 ・技術面以外での最新のものと伝統的なものに共通することについて考える。	○新しい技術と古い伝統について，相違点と共通点を考える際にはベン図を活用する。 ■思ア
4	【単元のまとめ】 普段の生活の中で新しい技術と伝統的な文化が共存していることや，自国や他国の文化を尊重することに関心を高める。	**新しい技術と伝統的な文化の共存の姿に関心を高めよう** ・日本の伝統的な文化が現代で受け継がれている理由について考える。 ・日本独自の芸術が世界で受け入れられている理由について考える。 ・この単元で学習した内容を基に，単元を貫く学習課題に対する考えを表現する。	○日本の文化の特色に加えて，世界の宗教や文化の中にも日本で広まり，定着したものがあることに気付かせる。 ■態ア

第**3**時 新しい技術と古い伝統に共通点はないか考えよう

1 導入　伝統的な技術と最新の技術の関連性を理解する

「最新の科学技術の中に，伝統的な技術がどのように生かされているか」と問い，伝統工芸や建築における技術を活用した最新の素材や建造物について，実物か画像を提示する。まず伝統工芸や建築物の名称を確認してから，技術がどのように生かされているか考えさせる（ワークシートの❶）。なお，伝統工芸については地図で場所を示すことで地理的分野や歴史的分野の復習にもなる。

2 展開　伝統的な技術と新しい技術を比較する

ベン図を提示して「伝統的な技術と新しい技術にはどのような違いがあるか」と問い，導入で用いた資料や教科書を参考にして，ベン図の円が重ならない部分について考えさせる。つづけて「伝統的な技術と新しい技術に共通点はないだろうか」と問い，ベン図の重なる部分に記入させる（ワークシートの❷）。

見方・考え方を働かせるポイント ▶▶▶

現代の科学技術について，伝統的な技術と比較して相互の関連性を考察させる。また，共通点を考える際には，持続可能性の視点に着目させることで見方・考え方を働かせる。

3 まとめ　技術面以外の共通点について考える

「発想や工夫の仕方のように，目に見える技術以外で，伝統的な技術と新しい技術に共通する点はないだろうか」と問い，小グループで議論しながらベン図の重なる部分に追記させる（ワークシートの❷）。視点を変えて同じ問いについて再度考察することで，素材を巧みに活用する工夫や理論を技術へ応用する姿勢，人をひきつける美しさなどの多様な共通点に気付かせる。

ワークシートの解答例

❶ (1)人工衛星　(2)西陣織　(3)有田焼，蓄光材　(4)五重塔，東京スカイツリー

❷ （伝統的な技術の例）手作業。制作には修業した職人の技が必要。何百年も続いている。

（新しい技術の例）科学の研究を生かしている。最先端の材料が使われている。大きな物が多く，何人もの人が完成に関わっている。

（共通点の例）素材が丈夫になるようにしている。技術のレベルが高い。独特の発想や工夫が生かされている。経験や理論で得た学問の知識が技術に生かされている。素材を無駄にしない。観光に利用されるような魅力がある。

単元を貫く学習課題 ▶ 新しい技術と伝統的な文化は生活の中でどのように共存しているか

新しい技術と伝統文化

今日の目標 ▶ 新しい技術と古い伝統に共通点はないか考えよう

❶ 伝統的な技術と新しい技術のつながりを理解しよう。

(1) (　　　　折り紙　　　　) の技術を (　　　　　　　　　　　　　　　　　　) に応用

(2) (　　　　　　　　　　) の技術を (　　　　アンテナとセンサー付きの服　　　) に応用

(3) (　　　　　　　　　　) の技術を (　　　　　　　　　　　　　　　　　　) に応用

(4) (　　　　　　　　　　) の技術を (　　　　　　　　　　　　　　　　　　) に応用

❷ 伝統的な技術と新しい技術を比較しよう。

(1)それぞれの特徴を考えよう。

(2)共通点を考えよう。

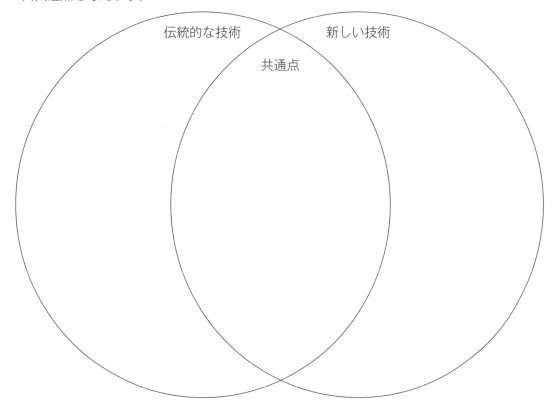

私たちと現代社会

3 私たちがつくるこれからの社会

▶単元構想

単元の目標

○対立と合意，効率と公正などの現代社会の見方・考え方の基礎となる枠組みを理解する。また，個人の尊厳と両性の本質的平等，契約の重要性や契約を守ることの意義及び個人の責任を理解する。

○対立と合意，効率と公正などに着目して，社会生活における物事の決定の仕方，契約を通した個人と社会との関係，きまりの役割について多面的・多角的に考察し，表現する。

○集団における課題を見いだし，課題の解決を目指して集団の成員が合意を形成できるようなきまりづくりの活動を通して，主体的に社会に関わろうとする態度を養う。

◀単元を貫く学習課題▶
なぜ社会にはルールがあるのか

各時間の目標

1	ルールの果たす役割について関心を高めよう
2	最も納得できるルールの決め方について考えよう
3	ルールをつくることや守ることの意味を理解しよう
4	情報機器の使用ルールについて考えよう

評価規準

知識・技能	思考・判断・表現	主体的に学習に取り組む態度
ア 集団における課題を解決する方法として，きまりをつくり，守ることの意義を理解している。	ア 公正に含まれた様々な意味合いを理解しながら，集団のきまりのより的確な決め方について考えている。 イ 対立と合意，効率と公正に着目しながら，具体的なきまりを考えて表現している。	ア 社会における様々な契約やきまりの役割についての関心を高め，主体的にきまりをつくることへの意欲を高めている。

▶単元の指導計画

時	ねらい	学習活動	○教師の指導 ■評価

なぜ社会にはルールがあるのか

時	ねらい	学習活動	○教師の指導 ■評価
1	**【ルールの役割】** 社会における様々な契約やきまりの役割についての関心を高め，主体的にきまりをつくることへの意欲を高める。	**ルールの果たす役割について関心を高めよう（→ p.28）** ・ブレインストーミングによって，生活の中にある様々なルールを探す。 ・KJ法を使ってルールを分類する。 ・ルールに共通する目的や意味について考え，単元を貫く学習課題に対する予想を記入する。	○ルールの中には本来の意味からかけ離れたものがあることに気づかせ，より良いルールづくりの必要性に関心を向けさせる。 ■態ア
2	**【効率と公正】** 公正に含まれた様々な意味合いを理解しながら，集団のきまりのより的確な決め方について考える。	**最も納得できるルールの決め方について考えよう** ・運動部の体育館の使用日数や時間について，どのように決めるべきかを考える。 ・各運動部役を決めてロールプレイを行い，ルールを決め，効率と公正の視点からルールの決め方と内容を検証・評価する。	○ルールを検証する際に，手続きの公正さ，機会の公正さ，結果の公正さなど公正さには複数の観点があることに気付かせる。 ■思ア
3	**【ルールを守る意味】** 集団における課題を解決する方法として，きまりをつくり，守ることの意義を理解する。	**ルールをつくることや守ることの意味を理解しよう** ・ルールの決め方や内容がルールを守る意識に影響を与える場合について考える。 ・学級における給食のおかわりや掃除のルールを例に，運用する中でルールを決めた時に想定されていなかった課題が生じていないか検証する。	○課題が生じた時にルールを改正する必要性を実感させ，主体的にルールづくりにかかわる意義を理解させる。 ■知ア
4	**【単元のまとめ】** 対立と合意，効率と公正に着目しながら，具体的なきまりを考えて表現する。	**情報機器の使用ルールについて考えよう（→ p.30）** ・ピラミッドチャートの下段を活用して情報機器の利用の利点と課題を列挙する。 ・ピラミッドチャートの中段を活用して，情報機器の活用に対する自分の意見をまとめる。 ・ピラミッドチャートの上段を活用して，情報機器の利用のねらいについて考え，そのねらいに沿ったルールを提案する。 ・単元を貫く学習課題への考えをまとめる。	○情報リテラシーの育成を図るため，情報機器を制限するだけではなく，効果的な活用について考えさせる。 ■思イ

第1時 本時の目標
ルールの果たす役割について関心を高めよう

1 導入　生活の中にあるルールを探す

「家庭や学校，地域など皆さんの身の周りにはどのようなルールがあるか」と発問し，どのようなルールがあるかを考えさせる。ブレインストーミングの手法を用いて，できるだけ多く書くように促す。ルールの例が思いつかない生徒については，学校や商業施設のきまり，交通ルールなど社会集団の例を挙げて支援する。

2 展開　ルールを分類する

「皆さんが考えたたくさんのルールはすべて同じだろうか」と問い，適用される範囲や内容の違いに気付かせる。その上で「どこのルールかという点やどのようなルールかという点に注目して分類しよう」と呼びかけ，付せんに書いたルールを分類させる。その際，KJ法を使って小グループ（3〜4人）ごとに模造紙に付せんを貼り付けて分類させる。さらに，「家庭」「学校」などや，「罰がある」「罰がない」など分類の基準にした内容を模造紙にペンで記入させる。

つづけて，小グループで話し合った内容を発表させる。その際，付せんに記入したルールの内容はもちろん，分類の仕方に様々な方法があることに気付かせる。

> **見方・考え方を働かせるポイント ▶▶▶**
> ルールを分類する活動を通して，現代社会の特色を多面的に考察する力を養う。また，ルールの意味を考えることで，対立と合意，効率と公正の視点を理解させる。

3 まとめ　ルールの意味を考える

「これらのルールは，なぜあるのだろうか」と問い，ワークシートの単元を貫く学習課題の空欄に「なぜ社会にはルールがあるのか」と記入し，現時点での予想を書かせる。予想とその理由を発表する中で，実態から乖離したルールの存在など，ルールに関する課題を自覚させる。

─ ワークシートの解答例 ─

❶ （例）「赤信号を渡ってはいけない」「物を盗んではいけない」「勉強道具の貸し借り禁止」
「スマートフォンは午後9時までしか使えない」「部活で下級生がモップがけをする」など

❷ （例）（社会集団による分類）「家庭」「学校」「お店」「部活動」「日本」「世界」など
（年齢や性別など個人の属性による分類）「20歳以上」「中学生」「男性」「高齢者」「幼児」
「身長110cm 未満」「関係者以外」など
（ルールの内容や罰則による分類）「罰がある」「罰がない」「罰金」「没収」など

ルールの役割

今日の目標 ▶ ルールの果たす役割について関心を高めよう

❶ 身の周りのルールを探そう。

・自分の身の周りの様々なルールを，付せんにどんどん書こう。

❷ ルールをグループ分けしよう。

・付せんに書いたたくさんのルールを，どこのルールかという点やどのようなルールかという点から分類しよう。

・グループ分けをしたらタイトルをつけよう。

◀ 単元を貫く学習課題 ▶

予想

各時間の目標

1	ルールの果たす役割について関心を高めよう
2	最も納得できるルールの決め方について考えよう
3	ルールをつくることや守ることの意味を理解しよう
4	情報機器の使用ルールについて考えよう

【単元のまとめ】

第4時 情報機器の使用ルールについて考えよう

1 導入　情報機器の利点と課題を明確にする

　情報機器の利用に関するルールをつくるという本時の目標を確認する。ルールは，機種（スマートフォンや家族共用のパソコンなど），適用範囲（家族や友人間，学校），時期（現在や高校入学後，テスト期間中など）を想定させる。その上で「情報機器を使うことの良い点と問題点を考えよう」と問い，ピラミッドチャートの下段に列挙させる（ワークシートの❶①）。

2 展開　情報機器の活用に対する意見とルール設定のねらいを考える

　「情報機器をどのように利用すべきなのか」と問い，ピラミッドチャートの中段を活用して，情報機器の活用に対する自分の意見をまとめる（ワークシートの❶②）。つづけて，「何のためにルールを決めるのか，意見をもとにねらいを考えよう」と発問し，情報機器の利用のねらいについて考えさせる（ワークシートの❶③）。その際，デジタル・シティズンシップの育成の観点から，情報機器の使用制限だけではなく，効果的な活用につながるルールを考えさせる。

> **見方・考え方を働かせるポイント ▶▶▶**
>
> 　情報化における課題の解決に向けて，（本単元で知識を習得した）対立と合意及び効率と公正の視点に着目させて，情報機器のルールづくりを考えることで見方・考え方を働かせる。

3 まとめ　情報機器のルールを考えて提案する

　「情報機器に関するルールを具体的に考えて提案しよう」と問い，情報機器の利用のねらいに沿ったルールをノートなどに記入する。ルールの内容を学級で発表した上で，家庭におけるルールの場合は実際に保護者に提案し，話し合いでルールを修正して実行するように促す。

　最後に，単元全体のまとめを行う。単元の中でも特に今回のルールづくりの学習を生かして，単元を貫く学習課題に対する最終的な考えをまとめ，ノートなどに記入して発表する。

┌─ **ワークシートの解答例** ─────────────

❶　①（良い点の例）情報の入手や発信に便利。ゲームや音楽。コミュニケーションが深まる。

　　（問題点の例）時間がなくなる（自分・相手）。お金がかかる。SNSトラブル。依存。視力低下。

　②（例）安全や時間，個人情報に気をつけながら様々な情報を集めてまとめて，発信する。

　③（例）自分をコントロールする力，情報を生かす力，コミュニケーション力を高めるため。

❷　（略）【補足】実際に家庭などのルールを決める場合は，対立と合意，効率と公正の視点から話し合いを行い，自分で提案したルールを修正・改善するように促す。

└─────────────────────────

単元を貫く学習課題 ▶ なぜ社会にはルールがあるのか

ルールづくり～単元のまとめ～

今日の目標 ▶ 情報機器の使用ルールについて考えよう

❶ 情報機器の使用に関するルールを考えよう。

【条件】情報機器の種類やルールを決める相手（集団）を想定すること。

(1)情報機器を使うことの良い点と問題点を①に記入しよう。

(2)情報機器の活用において重要だと考えることを②に記入しよう。

(3)情報機器の使用のルールのねらいを考えて③に記入しよう。

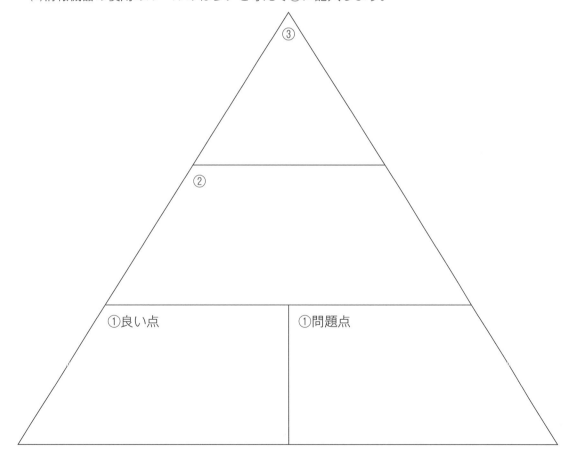

❷ **❶**の内容をもとに具体的なルールを考えて提案しよう。

Column 2 　「私たちと政治」における アクティブ・ラーニングのポイント

❶ 「覚えづらい」や「興味がない」を変える

　公民的分野の学習に入ると，生徒は「覚えづらい」や「興味が湧かない」といった感想を口にすることがあります。覚えづらいことについては，地理や歴史より学習する語句が印象の薄い表現であることが影響しています。「小選挙区比例代表並立制」よりは「バスコ＝ダ＝ガマ」の方が，やはり印象に残ります。そこで大切になるのが，知識を活用することです。例えば「小選挙区比例代表並立制」であれば，小選挙区制と比例代表制の違いを理解した上で，異なる選挙制度を組み合わせる理由を考える活動を通して，次第に知識が定着します。さらに，民主主義の根幹である選挙制度の工夫を知り，その意義について考えるきっかけになります。

　公民的分野に興味が湧かないという気持ちの背景には，公民的分野が現代社会を対象とするため，他の地域を扱う地理や過去を扱う歴史と比べて新鮮味を感じづらいという問題があります。しかし，目の前や身の回りにある社会的な事象の仕組みや意義を理解することで，生徒の関心は一気に高まります。例えば，ニュース番組の最後に紹介される株と為替の情報の意味がわかると，経済への関心が高まります。また，民主主義の価値を理解できれば，将来の投票行動につながります。「知っているようで実は知らなかった」というように，生徒の既成概念を打ち破ることが大切です。そのためには，探究したくなるような問いが求められます。

❷ 問題を把握して課題の解決への見通しをもつ

　公民的分野では，社会に見られる課題の解決を構想するような探究的な学習が重要です。ところで，「問題」と「課題」にはどのような違いがあるのでしょうか。社会科の場合，小学校では「学習問題」という表現が一般的ですが，中学校では「学習課題」の方が一般的です。「問題」と「課題」の違いについて，社会科の学習指導要領には詳細な説明がありません。

　私の場合は，特別活動における「問題」と「課題」の使い分けを参考にしています。特別活動では，学級の問題や自分自身に関する問題を確認したり把握したりします。その問題の原因を分析する中で，自分たちの力で集団や自己を改善するために重要な課題を設定し，解決方法について合意を形成したり意思決定をしたりします。

　社会科に当てはめれば，「問題」とは社会集団の周囲にそびえる壁や点在する穴のようなものです。「課題」とはその壁を突破したり，穴をふさいだり（時には穴をさらに掘って新しい道をつくったり）するための矢印（道筋）のようなイメージです。問題を把握した生徒が，解決に向けた課題を主体的に見出し，解決の方向性や方法について構想を練るのが探究的な学習です。

第 **3** 章

「私たちと政治」の 授業展開&ワークシート

私たちと政治

4 民主主義を支える日本国憲法

▶単元構想

単元の目標

○諸資料から現代の社会的事象に関する情報を効果的に調べてまとめながら，日本国憲法が基本的人権の尊重，国民主権及び平和主義を基本的原則としていることや，日本国および日本国民統合の象徴としての天皇の地位と天皇の国事に関する行為などを理解する。

○日本の政治が日本国憲法に基づいて行われていることの意義について，対立と合意，効率と公正，個人の尊重と法の支配，民主主義などに着目して多面的・多角的に考察して表現する。

○現代の社会的事象について，現代社会に見られる特色の理解を通して課題を見いだし，国民主権を担う公民として法を遵守し，社会の発展に寄与しようとする態度を養う。

単元を貫く学習課題
なぜ国には憲法が必要なのか

各時間の目標

1	憲法と法律のちがいに関心を高めよう
2	人権保障に関する歴史的なできごとを分類しよう
3	日本国憲法に込められた願いについて関心を高めよう
4	天皇が象徴とされる理由を理解しよう
5	憲法が必要な理由について世界と日本の歴史から考えよう

評価規準

知識・技能	思考・判断・表現	主体的に学習に取り組む態度
ア　歴史的経緯に着目しながら，象徴としての天皇の地位と天皇の国事行為の特色を理解している。	ア　世界と日本の人権保障を相互に関連付けながら，基本的人権の理念の普遍性について考えている。 イ　憲法が人権保障や民主主義の実現に果たす役割について考えている。	ア　法の構成や法の支配を通して，法と生活との関わりへの関心を高めている。 イ　日本国憲法の成立過程や特色に着目しながら，民主主義や法を尊重することに関心を高めている。

▶単元の指導計画

時	ねらい	学習活動	○教師の指導　■評価
		なぜ国には憲法が必要なのか	
1	**【法の構成】** 法の構成や法の支配を通して，法と生活との関わりへの関心を高める。	憲法と法律のちがいに関心を高めよう ・歴史的分野で学習した様々な法について思い出して確認する。 ・ベン図を用いて人の支配と法の支配を比較する。 ・単元を貫く学習課題に対する現時点での予想を記入する。	○歴史的分野の市民革命の学習内容などを振り返って，人の支配から法の支配へ変化する意義に気付かせる。 ■態ア
2	**【人権思想の歴史】** 世界と日本の人権保障を相互に関連付けながら，基本的人権の理念の普遍性について考える。	人権保障に関する歴史的なできごとを分類しよう（→ p.36） ・人権保障に関する語句の内容を確認する。 ・人権保障に関する語句を分類するために適切な思考ツールを自分で判断して活用する。 ・人権保障の推移の特色について理解する。	○複数の思考ツールを例示し，自分の課題や視点に合わせて思考ツールを選択しながら考察できるようにする。 ■思ア
3	**【日本国憲法の基本的な考え方】** 日本国憲法の成立過程や特色に着目しながら，民主主義や法を尊重することに関心を高める。	日本国憲法に込められた願いについて関心を高めよう ・太平洋戦争を終えた時の国民の気持ちについて，当時の資料を参考に読みとる。 ・日本国憲法の3つの基本原理には，当時の国民の気持ちと共通点がないか考える。	○基本的人権の保障が強く規定されている点について，他国の憲法との類似点に着目させる。 ■態イ
4	**【国民主権と象徴天皇制】** 歴史的経緯に着目しながら，象徴としての天皇の地位と天皇の国事行為の特色を理解する。	天皇が象徴とされる理由を理解しよう ・日本国憲法における国民主権と象徴天皇制の特色について，憲法の条文を解釈しながら理解する。 ・憲法改正の手続きにおける国民の役割について考える。	○憲法改正に厳しい条件がつけられている理由を考える際には，国民主権の理念の関連性に着目させる。 ■知ア
5	**【単元のまとめ】** 憲法が人権保障や民主主義の実現に果たす役割について考える。	憲法が必要な理由について世界と日本の歴史から考えよう ・立憲主義の意義について考える。 ・憲法と他の法の違いについて考える。 ・単元を貫く学習課題への考えをまとめる。	○日本国憲法の意義に関心をもたせる。 ■思イ

第2時 本時の目標

人権保障に関する歴史的なできごとを分類しよう

1 導入　人権保障に関する語句の内容を復習する

　歴史的分野で学習した人権保障に関する語句を復習するために「**歴史を振り返ると，人権に関わってどのようなできごとや法があったか**」と問う。方法としてはグループで競いながらＡ３判の用紙やホワイトボードに記入させたり，各自で付せんに書かせたり，リレー方式で黒板に書かせたりするなど，ゲーム性を取り入れると意欲が高まる。

2 展開　人権保障に関する社会的事象を分類する

　「**これらの人権に関する語句は，どのように分類できるか**」と問い，分類をさせる。その際に，条件として教科書のような形式（多くは年表形式）以外で表現することとし，座標軸やステップチャートなど複数の思考ツールの例を提示する（ワークシートの❷）。例示した以外の方法で分類することも認める。実際，Ｙチャートやウェビングマップを使う生徒も多い。この活動によって，時系列以外の視点をもたせ，自分の課題や視点に合わせて思考ツールを主体的に選択しながら考察する力を養う。分類したものは，小グループや全体で交流する。

見方・考え方を働かせるポイント ▸▸▸

　日本と世界の人権保障の歴史に関する事象を分類する際に，生徒自身に思考ツールを選択させることで，比較や分類の視点から見方・考え方を働かせて思考や表現を行いやすくする。

3 まとめ　人権思想が広がった理由についてまとめる

　学習のまとめとして「**人権思想が広まったのは，人々のどのような願いがあったからか**」と問う（ワークシートの❸）。作成したワークシートの内容を生かして，法の支配や立憲主義の視点から，人権思想の地域的な拡大や保障される権利の内容の拡大について理解させる。

┌── ワークシートの解答例 ──

❶ （略）

❷ （右の図）

❸ （例）基本的人権は，どこの国の誰にとっても大切なことであり，法の支配を実現するために世界中に広まり，権利の内容も拡大された。

（日本の人権思想の影響に着目した例）

（因果関係に着目した例）

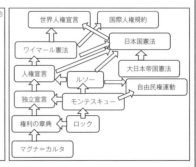

人権思想の歴史

今日の目標 ▶ 人権保障に関する歴史的なできごとを分類しよう

❶ 人権に関する歴史的なできごとや法を思い出そう。

・歴史の授業で学習した，日本や世界の人権に関する語句を，できるだけたくさん思い出そう。

❷ 人権に関する語句を分類しよう。

❸ 人権思想が広まったのは，人々のどのような願いがあったからか。憲法がもつ特徴に注目して考えよう。

私たちと政治

5 憲法が保障する基本的人権

▶単元構想

単元の目標

○人間の尊重についての考え方や，法や法に基づく政治の意義を理解する。
○政治が日本国憲法に基づいて行われていることの意義について，対立と合意，効率と公正，個人の尊重と法の支配，民主主義などに着目して考察し，表現する。
○人権保障に関する課題の解決を視野に，主体的に社会に関わろうとする態度を養う。

$$\text{単元を貫く学習課題}$$

人権保障に大切なのは，法をつくることと法を守ることのどちらか

各時間の目標

1	自由権に関する条文が多い理由を理解しよう
2	最も大切だと考える自由を判断しよう
3	法の下の平等の意味について理解しよう
4	平等権を保障するためにできることに関心を高めよう
5	社会権の内容を分類しよう
6	学校における社会権の影響について関心を高めよう
7	新しい人権が生まれた経緯について資料から読み取ろう
8	権利を守るために必要な権利を理解しよう
9	世界における人権問題への関心を高めよう
10	権利と義務の関係について考えよう

評価規準

知識・技能	**思**考・判断・表現	**主**体的に学習に取り組む態度
ア　対立と合意に着目して自由権を理解している。	ア　自由権の多様な意義について判断して表現している。	ア　法的平等の実現について関心を高めている。
イ　平等権と他の人権との関連性を理解している。	イ　社会権の特色について考えながら分類している。	イ　学校生活と社会権の関係性に関心を高めている。
ウ　新しい人権の経緯を資料から読み取っている。	ウ　自由・権利と責任・義務の関係について考えている。	ウ　人権保障の普遍性に気付き，世界の人権保障の実現に向けた課題を主体的に見つけて考えようとしている。
エ　参政権と請求権の特色を理解している。		

▶単元の指導計画

時	ねらい	学習活動	○教師の指導　■評価

人権保障に大切なのは，法をつくることと法を守ることのどちらか

時	ねらい	学習活動	○教師の指導　■評価
1【自由権①】	対立と合意に着目して自由権を理解する。	**自由権に関する条文が多い理由を理解しよう** ・自由権を３つに大別してそれぞれの特色と共通点を比較する。 ・単元を貫く学習課題への予想を立てる。	○自由権の比較ではベン図を活用させる。 ■知ア
2【自由権②】	自由権の多様な意義について判断する。	**最も大切だと考える自由を判断しよう**（→ p.40） ・ピラミッドランキングを活用して自由権のそれぞれの価値について考える。	○価値判断を促す。 ■思ア
3【平等権①】	平等権と他の人権との関連性を理解する。	**法の下の平等の意味について理解しよう** ・他の人権の基礎としての平等権の役割について，構造図にまとめる。	○条文を活用する。 ■知イ
4【平等権②】	法的平等の実現について関心を高める。	**平等権を保障するためにできることに関心を高めよう**（→ p.42） ・学校と日本全体のそれぞれで，最優先で保障すべき平等権について判断する。	○特活と関連付ける。 ■態ア
5【社会権①】	社会権の特色を考慮しながら分類する。	**社会権の内容を分類しよう** ・社会権を支える様々な法を，関わりの深い権利ごとに分類してまとめる。	○KJ法で分類させる。 ■思イ
6【社会権②】	教育を受ける権利について関心を高める。	**学校における社会権の影響について関心を高めよう** ・憲法の条文と学校生活の関連について考えた上で，校外の生活との関連も調べる。	○歴史の復習も行う。 ■態イ
7【新しい人権】	新しい人権の経緯を資料から読み取る。	**新しい人権が生まれた経緯について資料から読み取ろう**（→ p.44） ・環境権を例に新しい人権が提唱された経緯を理解し，他の権利についても考える。	○資料に新聞を用いる。 ■知ウ
8【参政権と請求権】	参政権と請求権の特色を理解する。	**権利を守るために必要な権利を理解しよう**（→ p.46） ・人権を守るための権利が果たす役割について，コンセプトマップを用いて考える。	○参政権の変遷を扱う。 ■知エ
9【国際的な人権保障】	世界の人権保障における課題を見つけて考える。	**世界における人権問題への関心を高めよう** ・人権に関する国際的な取り決めと日本で保障される人権の関連性を検討する。	○条約等を資料とする。 ■態ウ
10【単元のまとめ】	自由・権利と責任・義務の関係について考える。	**権利と義務の関係について考えよう** ・公共の福祉の役割と留意点を考える。 ・単元を貫く学習課題への考えをまとめる。	○国民の三大義務を扱う。 ■思ウ

第**2**時 | **本時の目標**
最も大切だと考える自由を判断しよう

1 導入　自由権を分類する

　前時に自由権の3つの種類（精神活動の自由，生命・身体の自由，経済活動の自由）を学習したことを確認する。その上で「**次のできごとは，どの自由に関連するか**」と問い，分類させる（ワークシートの❶）。その際，自由権そのものではなく，自由権が侵害されている例や，自由権が保障される前の時代のできごとを具体例として取り上げる。それによって，自由権が保障されない状況に対する危機感をもち，具体的にイメージしながら考えることができる。

2 展開　ピラミッドランキングで自由権について価値判断をする

　ワークシートの❶で取り上げた内容を基に「**あなたが『問題だ』『困る』という順番を考えよう**」と発問し，ピラミッドランキングの形式で1位から3位に分類し，1位については理由も記入させる（ワークシートの❷）。考えた内容を小グループや全体で交流する。

　つづけて，「**なぜ人によって大事と考える自由権が異なるのか**」と問いかけ，口頭で答えさせる。この発問によって，生徒は多様な価値観があるからこそ，自由権は多岐にわたる内容で保障されていると気付くことができる。

　見方・考え方を働かせるポイント ▶▶▶
　自由権が保障する多様な内容とそれぞれの重要性について，自分で価値判断した上で複数の立場や意見を踏まえて，自由権を将来にわたって保障するために必要なことを構想することで，見方・考え方を働かせる。

3 まとめ　自由権の多様性や重要性について主体的に考える

　「**今回紹介したもの以外で，あなたが大切にしたい自由は何か**」と問う（ワークシートの❸）。生徒が主体的に考えた内容は，ワークシート以上に多様になることが想定される。意見を交流し，自由権が生きる上での様々な権利を保障していることを実感できるようにする。

┌─ ワークシートの解答例 ─
❶　(1)④，⑤，⑥　(2)①　(3)②，③

❷　（①を1位に選んだ例）言いがかりのような形で，どんな理由でも逮捕される可能性があるから。
　　（②を1位に選んだ例）将来なりたい職業に向けた努力が無駄になるし，手術の技術の低い医者
　　　　　　　　　　　　が働くなどの問題もあるから。

❸　（例）好きな音楽や動画を見る自由。行きたい学校を選ぶ自由。自分の考えをインターネットで
　　　　発信する自由。　など

単元を貫く学習課題 ▶ 人権保障に大切なのは，法をつくることと法を守ることのどちらか

自由権②

今日の目標 ▶ 最も大切だと考える自由を判断しよう

❶ 次の①〜⑥のできごとは，⑴〜⑶のどの自由に関連するか。

①警察官に「目つきが悪い」という理由で逮捕される。

②男子は父親，女子は母親と同じ職業を選ぶことを強制される。

③貯金や自分の持ち物を国が必要に応じて没収する。

④日本国民全員が必ず地域にある寺院に属す（檀家になる）。

⑤ＳＮＳでのメッセージや投稿を国が常にチェックできる。

⑥太平洋戦争での日本軍の加害行為を中学校で学習するのを禁止される。

⑴精神活動の自由　…（　　　　　　　　　　　　　　　）

⑵生命・身体の自由…（　　　　　　　　　　　　　　　）

⑶経済活動の自由　…（　　　　　　　　　　　　　　　）

❷ 上の①〜⑥のできごとについて，あなたが問題だと考える順番にランキングして，１位の
理由を書こう。

１位　□　◁　１位にした理由

２位　□　□

３位　□　□　□

❸ 今回紹介したもの以外で，あなたが大切にしたい自由は何か。

第**4**時　本時の目標
平等権を保障するためにできることに関心を高めよう

1 導入　平等権の条文を確認する

　前時の復習として「平等権は日本国憲法でどのように保障されていたか」と問い，条文の空欄補充を行う（ワークシートの ❶）。その上で，人種差別や性差別の禁止が明記されていることや，学校を含めた社会的な関係における差別が禁止されていることを確認する。

2 展開　学校をテーマにして平等権の保障に向けた課題を見出す

　「平等権を保障する上で，今の学校に足りないのは何か」と問い，学校という身近な場所を例にして，平等権を保障するための課題を見出させる。何気なく受け入れている学校のルールの中に，差別を助長する内容がないか，検討するように促す。その際，KPT 法によって分析をし，考えた結果を全体で交流する（ワークシートの ❷）。KPT 法の Try（挑戦すべきこと）の欄には，生徒の立場から実行が可能な改善策を考えさせる。

見方・考え方を働かせるポイント ▶▶▶

　学校における平等という視点に着目して課題を見出し，その課題の解決に向けて基本的人権の概念を関連付けながら，改善案を構想して提言する活動を通して，見方・考え方を働かせる。

3 まとめ　学級活動と関連付けて課題解決に向けた行動を考える

　KPT 法のワークシートを基に，平等権の保障に向けて解決すべき課題と改善策を発表する。発表については，カリキュラム・マネジメントの観点から，授業時間で発表した提言の内容を充実させて学級活動や生徒会活動の時間にあらためて発表するようにしたい。生徒による自治的な活動の充実につながる上，人権保障への関心が高まるきっかけになる。

```
┌─ ワークシートの解答例 ─────────────────────────
❶ ①人種　②性別　③門地　④社会
❷ ①（例）男子と女子がどの教科でも一緒に授業を受け，成績の付け方も男女平等であること。障
　　　　がいをもつ生徒のための援助や学級があること。　など
　 ②（例）出席番号は男子が先の場合があること。制服や頭髪のルールに男女差があること。給食
　　　　や制服が宗教上のタブーについて配慮していないこと。外見が異なる生徒への偏見やい
　　　　じめが起きる場合があること。　など
　 ③（例）小学校のように出席番号を男女混合にすることや，男女によるルールの差を解消するよ
　　　　うに生徒総会で要望する。いじめ防止のために学級の時間や学年集会，全校集会で生徒
　　　　主体のピア・サポート研修を行い，様々な考えを受け入れる雰囲気を高める。
```

人権保障に大切なのは，法をつくることと法を守ることのどちらか

平等権②

今日の目標 ▶ 平等権を保障するためにできることに関心を高めよう

1 平等権の条文の確認（第14条１項）

「すべて国民は，法の下に平等であつて，（①　　　　　），信条，（②　　　　　），社会的身分
又は（③　　　　　）により，政治的，経済的又は（④　　　　　）的関係において，差別され
ない。」

2 平等権を保障する上で，今の学校に足りないのは何か，改善策を考えよう。

① Keep（続けるべきこと）	② Try（挑戦すべきこと）
② Problem（問題点）	

第**7**時 新しい人権が生まれた経緯について資料から読み取ろう

1 導入　環境権が提唱されるようになった経緯を調べる

　「憲法に明記されていない権利がどのように提唱されるようになったのか」と問い，環境権を例にして新しい人権が提唱されるようになった経緯を調べる。私の場合は勤務地の地域教材として，北海道の伊達火力発電所建設差し止め訴訟に関する新聞記事の読み取りをさせている（ワークシートの**❶**）。その他にも，大阪空港騒音訴訟や各地の日照権に関わる訴訟など，環境権に関する新聞記事は数多くあるため，地域や生徒の実態に応じて資料を用意すると良い。資料を基にして，環境権が幸福追求権や生存権を根拠にしていることを理解させる。

2 展開　新しい人権と憲法で定めた人権の関連性について考える

　知る権利やプライバシーの権利，自己決定権など，環境権以外の新しい人権を確認する。その上で「他の新しい人権はどのような権利を根拠としているのか」と問い，新しい人権の内容と憲法の条文を関連付けながら考えさせる（ワークシートの**❷**）。

> **見方・考え方を働かせるポイント** ▸▸▸
> 　環境権については利便性と安全性の視点から社会における課題を見出し，改善のための方策として新しい人権の役割について考えさせることで，見方・考え方を働かせる。

3 まとめ　幸福追求権の特色について理解する

　憲法13条の幸福追求権が複数の新しい人権の根拠になっていることに着目させる。幸福追求権が個人の尊重に基づき，社会の変化で生じる問題に法的に対応できる特色があることを理解させる。さらに，発展的内容として，将来求められる可能性がある権利を推測させても良い。

　ワークシートの解答例

❶ (1)（例）北海道伊達市に火力発電所を建設するのを止めることを求めた。

(2)憲法13条の幸福追求権と憲法25条の生存権を根拠にしている。

(3)（例）幸せを追求して健康な生活を送るためには，良い環境が必要である点が関連している。

❷ ①表現の自由（21条）　または請願権（16条）

②（例）民主主義で議論をするためには必要な情報や意見を自由に手に入れる必要がある。

③幸福追求権（13条）

④（例）個人を尊重する権利を保障するためには，個人の情報が守られなければならない。

⑤幸福追求権（13条）

⑥（例）個人に関することについて，公権力に干渉されずに自ら決定できるという内容だから。

新しい人権

今日の目標 ▶ 新しい人権が生まれた経緯について資料から読み取ろう

❶ 環境権がどのような経緯で提唱されるようになったか資料から読み取ろう。

(1)どのようなことを求めた裁判か。

(2)環境権は，憲法第何条のどのような権利を根拠にしているか。

(3)環境権と(2)の権利は，どのように関係するか。

❷ 他の新しい人権は，憲法第何条のどのような権利を根拠にしているか調べよう。また，根拠となる権利とどのように関係するか考えよう。

新しい人権	根拠となる権利	どのような関係性か
知る権利	①	②
プライバシーの権利	③	④
自己決定権	⑤	⑥

本時の目標
権利を守るために必要な権利を理解しよう

1 導入　人権が侵害されるケースを想定する

「もし人権が侵害されそうになったり，実際に侵害されたりしたら，あなたならどうするか」
と問い，実際に人権が侵害されるようなケースと対応を想定する（ワークシートの **❶**）。

2 展開　基本的人権を保障するための権利の役割について考える

　ワークシートの **❶** で出た意見を生かしながら，人権保障のために定められた権利としての
参政権と請求権について紹介する。その上で「**基本的人権を保障するための権利には，どのよ
うな役割があるだろうか**」と問い，思考ツールのコンセプトマップ（概念地図）を用いて，そ
れぞれの役割や関連性を記入させる（ワークシートの **❷**）。記入した内容をグループで交流す
る。さらに，「**これらの権利をグループ化ができないか**」と問い，参政権と請求権などに分類
させたり，関連する権利をまとめさせたりする。

見方・考え方を働かせるポイント ▸▸▸

　人権の侵害という課題を見出して，その解決のために参政権と請求権が果たす役割について考え
ることで，見方・考え方を働かせる。

3 まとめ　参政権と請願権の意義を歴史的背景に着目しながら理解する

　学習のまとめとしてグループ化をしたコンセプトマップを全体で交流して，人権侵害に備え
て多様な権利が保障されていることを理解させる。補足として，歴史的分野における参政権の
推移の学習を振り返る。基本的人権を守るための権利が，日本国憲法の施行以前から重要な政
治的課題として国民に意識されていたことを理解させる。

--- ワークシートの解答例 ---

❶　（例）もし他の人や国に迷惑をか
　　けられて人権が侵害された
　　ら，裁判を起こす。
　　　男女差別の問題の解決に熱
　　心な政治家に選挙で１票を
　　入れる。
　　　　　　　　　　　　など

❷　（右の図）

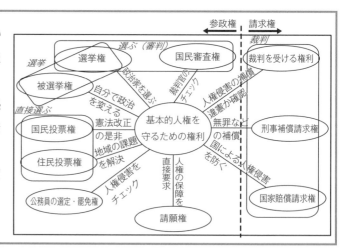

46

単元を貫く学習課題 ▶ 人権保障に大切なのは，法をつくることと法を守ることのどちらか

参政権と請求権

今日の目標 ▶ 権利を守るために必要な権利を理解しよう

1 もし人権が侵害されそうになったり，実際に侵害されたりしたら，あなたならどうするか
考えよう。

2 基本的人権を保障するための権利には，どのような役割があるだろうか。権利の内容を基
に，下の図に関係性を書き入れよう。

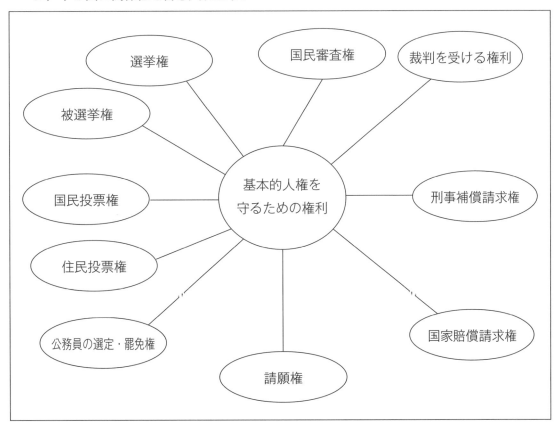

6 私たちの平和主義

▶単元構想

単元の目標

○諸資料から現代の世界の紛争や国際協調に関する情報を効果的に調べてまとめながら，日本国憲法の基本原則としての平和主義の理念や背景を理解する。

○平和主義の理念や国の政治が日本国憲法に基づいて行われていることの意義について，対立と合意，国際協調などの視点に着目して，多面的・多角的に考察し，表現する。

○現代の社会的事象について，平和主義の理解を通して平和の構築に向けた課題を主体的に追究し，解決しようとする態度を養うとともに，自国を愛し，その平和を図ることや各国民が協力し合うことの大切についての自覚などを深める。

単元を貫く学習課題
あなたが考える平和とはどのような状態か

各時間の目標

1	日本の平和主義について他国と比べながら考えよう
2	日本の防衛と平和の構築の課題について関心を高めよう
3	平和主義の生かし方について考えて判断しよう
4	日本と世界の平和の実現のために大切なことを理解しよう

評価規準

知識・技能	思考・判断・表現	主体的に学習に取り組む態度
ア　日本と世界の平和の構築のために重要な考え方や行動について，日本国憲法の平和主義の理念に基づきながら理解している。	ア　日本国憲法と他国の憲法の平和条項を比較しながら，日本の平和主義の特色について考えている。 イ　日本の平和主義の方向性について，課題の解決に向けた案を構想して，他者の意見を評価しながら自分の考えを表現している。	ア　日本の安全保障における課題について，在日米軍基地の問題の解決策について考えようとしながら，関心を高めている。

▶単元の指導計画

時	ねらい	学習活動	○教師の指導　■評価

あなたが考える平和とはどのような状態か

時	ねらい	学習活動	○教師の指導　■評価
1	【平和主義の考え方と自衛隊】 日本国憲法と他国の憲法の平和条項を比較しながら，日本の平和主義の特色について考える。	日本の平和主義について他国と比べながら考えよう ・日本国憲法の前文や第9条の平和主義に関する記述と，アメリカやドイツ，韓国，コスタリカ，モザンビークの憲法の平和条項を比較する。 ・比較の結果から，平和条項の共通性と多様性を踏まえた上で，単元を貫く学習課題に対する予測を立てて発表する。	○各国の憲法の平和条項を比較する際には，地域や国の経済状況，憲法成立の時期などの点で多様な国を比較できるように配慮する。 ■思ア
2	【日本の安全保障】 日本の安全保障における課題について，在日米軍基地の問題の解決策について考えようとしながら関心を高める。	日本の防衛と平和の構築の課題について関心を高めよう ・歴史的分野の復習として日米安全保障条約の成立の経緯や改定をめぐる問題，沖縄の日本復帰などの内容を確認する。 ・地理的分野の九州地方の復習として，沖縄における米軍基地の分布を確認する。 ・沖縄への米軍基地の集中の問題について，効率と公正の観点から解決の方向性を構想する。	○新聞記事を活用する際には，同じ日付の全国紙と沖縄の地域紙を用意して比較させる。 ■態ア
3	【日本の国際貢献】 日本の平和主義の方向性について，課題の解決に向けた案を構想して，他者の意見を評価しながら自分の考えを表現する。	平和主義の生かし方について考えて判断しよう（→ p.50） ・20世紀以降の国際紛争と日本の関わりを予想する。 ・自衛隊の成立から現在までの活動の広がりについて調べる。 ・平和のために自衛隊が果たすべき役割について，自分なりの判断をして表現する。他者の意見を評価しながら考えを深める。	○他の生徒の意見を聞く際に，PMIシートを用いて評価をさせるようにする。 ■思イ
4	【単元のまとめ】 日本と世界の平和の構築のために重要な考え方や行動について，日本国憲法の平和主義の理念に基づきながら理解する。	日本と世界の平和の実現のために大切なことを理解しよう ・平和主義の理念と日本の安全保障，世界の平和の構築の3点について，相互の関係性を考えて発表し，平和のために大切な理念を共有する。 ・この単元で学習した内容を基に，単元を貫く学習課題に対する考えを表現する。	○関係性について考える際には，思考ツールのウェビングマップを活用する。 ■知ア

第3時 平和主義の生かし方について考えて判断しよう

1 導入 現代の国際紛争と自衛隊の関わりに関心をもたせる

東ティモールの独立をめぐる紛争やスーダン，ソマリアの地域紛争を紹介する。動画共有サイトや国連及び国際 NGO のホームページなどに資料がある。その上で「**これらの紛争と日本はどのように関わっているか**」と問い，予想を記入させる（ワークシートの❶）。生徒からは自衛隊の活動の他に，NGO の活動や ODA に関わる意見が出ることが想定される。意見を聞いた上で，国連 PKO 活動の一環として自衛隊が任務として派遣された場所であることを伝える。

2 展開 自衛隊の活動のあるべき姿について構想する

「**日本を防衛するために設立した自衛隊が，どのような経緯で海外に派遣されるようになったのか**」と問い，自衛隊の設立から現在までの活動に関する年表を提示する。その上で「**自衛隊の活動はどのように変化しているか**」と問い，表現させる（ワークシートの❷）。歴史的分野で培った推移の視点から考察させることで，自衛隊の今後の活動に向けた課題を見出させる。

さらに，新聞記事などを活用して自衛隊の海外派遣に対する賛否の意見を紹介する。議論の要点を理解させた上で「**あなたは，3年後の自衛隊の活動はどうあるべきと考えるか**」と問い，主張の要点をワークシート，詳細はノートなどに記入させる。3年後とするのは，世界情勢が現在と大きく変わらない中で，自分と同じ年齢の自衛隊員がいる状況を想定させるためである。

見方・考え方を働かせるポイント ▸▸▸

自衛隊の海外派遣について，日本国憲法の基本的な原理や国際協調の視点に着目し，複数の立場や意見を踏まえて解決の方向性を構想することで見方・考え方を働かせる。

3 まとめ 意見を述べて相互に評価する

小グループで相互に意見を発表する。その際に PMI シートを使い，評価の観点を明確にしながら意見を聞き，講評を交流することで議論の活性化を促す（ワークシートの❸(2)）。

┌─ ワークシートの解答例 ─

❶ （例）日本が経済的な支援をしている。ボランティアで助けている人がいる。 など

❷ （例）日本国内の防衛に加えて，災害の支援の出動が増えている。

PKO 協力法の成立以降，自衛隊が世界各地に派遣されるように変化した。 など

❸ (1)（例）日本の防衛のために高めた技術や力を世界で積極的に発揮して貢献すべきである。

災害派遣に限定し，戦争にはかかわらないようにすべきである。 など

(2)（略）【補足】自分の意見との共通点や相違点に着目させながら相互評価を行う。

単元を貫く学習課題 ▶ あなたが考える平和とはどのような状態か

日本の国際貢献

今日の目標 ▶ 平和主義の生かし方について考えて判断しよう

❶ 紹介した世界の紛争と日本はどのように関わっているか予想しよう。

❷ 自衛隊の活動に関する年表を見ると，活動がどのように変化しているか説明しよう。

❸ あなたは，３年後の自衛隊の活動はどうあるべきと考えるか。

(1)自分の考えの要点を下に書き，詳細をノートに書こう。

(2)グループ内で意見を交流しよう。

発表者	良い点（plus）	改善点（minus）	おもしろい点 （interesting）

私たちと政治

7 民主主義と日本の政治

▶単元構想

単元の目標

○民主政治のしくみや政党の役割，議会制民主主義の意義，多数決の原理を理解する。

○民主政治の推進と国民の政治参加との関連について，対立と合意，効率と公正，個人の尊重と法の支配，民主主義などに着目して多面的・多角的に考察し，表現する。

○国民主権を担う公民として，民主政治の発展に寄与しようとする態度を養う。

単元を貫く学習課題

民主主義の優れた点を生かすにはどのような工夫が必要か

各時間の目標

1	民主主義の発展について歴史から関心を高めよう
2	投票をする意味について考えよう
3	様々な政党がある理由について理解しよう
4	情報化社会における世論のあり方について考えよう
5	国権の最高機関としての役割を理解しよう
6	国会議員の役割に関心を高めよう
7	日本の議院内閣制の特徴を理解しよう
8	行政の課題の変化に関心を高めよう
9	民主政治の発展のために構想したことを表現しよう

評価規準

知識・技能	思考・判断・表現	主体的に学習に取り組む態度
ア　議会制民主主義における政党の役割を理解している。	ア　民意を国政に反映する意義について考えている。	ア　民主主義が広がった経緯に関心を高めている。
イ　国会の役割と課題を理解している。	イ　マスメディアの特色を比較して世論の形成への影響について考えている。	イ　国民の代表者としての国会議員の活動に関心を高めている。
ウ　議院内閣制の特色を権力分立から理解している。	ウ　民主政治の発展に重要な点を構想して表現している。	ウ　行政の課題を見出して，関心を高めている。

▶単元の指導計画

時	ねらい	学習活動	○教師の指導　■評価
		民主主義の優れた点を生かすにはどのような工夫が必要か	
1	【民主主義の原理】 民主主義が広がった経緯に関心を高める。	民主主義の発展について歴史から関心を高めよう ・間接民主制の利点について考える。 ・多数決の原理の利点と留意点を考える。 ・単元を貫く学習課題への予想を立てる。	○公正の視点から多数決の留意点に気付かせる。 ■態ア
2	【選挙の意義と課題】 国民の意思を国政に反映する意義について考える。	投票をする意味について考えよう（→ p.54） ・選挙における重要な条件を予想する。 ・小選挙区制と比例代表制を比較する。 ・一票を投じる意味について考える。	○政治に参加する権利への関心を高めさせる。 ■思ア
3	【政党の役割】 議会制民主主義における政党の役割を理解する。	様々な政党がある理由について理解しよう ・なぜ政党がなければいけないのかについて考える。 ・政党が複数存在する良さと課題を考える。	○政党の様々な立場や多様な支持に配慮する。 ■知ア
4	【世論とマスメディア】 世論と民主主義の関係性について考える。	情報化社会における世論のあり方について考えよう（→ p.56） ・同日の新聞の見出しと社説を読み比べる。 ・政治におけるインターネットの活用法について考える。	○情報源による特徴の違いを比較させる。 ■思ア
5	【国会の役割】 国会の役割と課題を理解する。	国権の最高機関としての役割を理解しよう ・国会の地位や仕事を調べ，法律案の議決以外に多くの役割がある理由を考える。	○二院制の課題を扱う。 ■知イ
6	【国会議員の責務】 国会議員の役割と活動に関心を高める。	国会議員の役割に関心を高めよう（→ p.58） ・議員提出法案に関する課題を読み取る。 ・国会議員の仕事の重要性について考える。	○議員特権を扱う。 ■態イ
7	【議院内閣制】 議院内閣制の特色を理解する。	日本の議院内閣制の特徴を理解しよう（→ p.60） ・議院内閣制と大統領制の違いを比べて，議院内閣制の利点について考える。	○ベン図を用いる。 ■知ウ
8	【内閣の役割】 行政の課題を見出して，関心を高める。	行政の課題の変化に関心を高めよう ・内閣の仕事について調べ，効率と公正の視点から改善すべき課題を見出す。	○行政改革を扱う。 ■態ウ
9	【単元のまとめ】 民主政治の発展に重要な点を構想して表現する。	民主政治の発展のために構想したことを表現しよう ・国会や行政の課題解決への方策を考える。 ・単元を貫く学習課題への考えをまとめる。	○第5時と第8時で見出した課題を扱う。 ■思ウ

第2時 本時の目標

投票をする意味について考えよう

1 導入　選挙における重要な条件を予想する

　選挙の投票所の写真か映像を見せて，何をしている場面か尋ねる。選挙における投票をしていることを確認した上で，「**民主主義を実現するために，選挙で投票をする時にどんなことが配慮されているか**」と問う（ワークシートの❶）。そして，選挙の原則を紹介して理解させる。

2 展開　小選挙区制と比例代表制を比較する

　投票用紙の見本を提示し，日本の国政選挙では選挙区制と比例代表制が採用されていることを紹介する。その上で，「**小選挙区制と比例代表制を比べよう**」と発問し，表（Ｔ型マトリクス）を使って比較させる（ワークシートの❷）。あらかじめ小選挙区制の長所の欄を記入しておき，それを参考にして比例代表制の長所と短所，小選挙区制の短所を考えるように指示する。

　さらに，「**なぜ衆議院で参議院でも異なる選挙制度を組み合わせるのか**」と問いかけ，表の最下段に考えを記入させる。その際，選挙は民意を反映する手段であることに着目させる。

> **見方・考え方を働かせるポイント ▸▸▸**
>
> 効率と公正の視点から選挙制度の特色について比較することで見方・考え方を働かせ，国民の意思を政治に的確に反映させるための工夫を理解できるようにする。

3 まとめ　1票を投じる意味について考える

　実際の選挙結果と投票率や1票の格差を巡る裁判に関する新聞記事を提示し，選挙における課題に気付かせる。その上で，「**民主主義の実現のために，選挙で1票を投じることにどのような意味があるのか**」と問う（ワークシートの❸）。わずか1票であっても選挙が国民の意思を国政に反映させる主要な手段であり，民主主義を支える根幹であることを理解させる。

┌─── ワークシートの解答例 ───

❶ （例）財産や性別で制限しない。1人1票。誰に投票したかわからないようにする。　など

　【補足】直接選挙の条件については生徒から意見の出ない可能性が高いので，教師が補足する。

❷ ①（例）少数政党も議席を得ることができる。多数決の原理に沿った議席の配分になる。　など

　②（例）1位しか当選しないので，得票数が多い候補が落選する場合がある。　など

　③（例）候補者を直接選べない。極端な主張の政党が議席を得ることがある。　など

　④（例）選挙制度の短所を補い合い，国民の意思を選挙結果に反映させやすくなるから。　など

❸ （例）1票でも得票数が増え，1％でも投票率が上がることで政治家へのメッセージになる。

　　　　自分と同じ候補に投票した人がたくさんいることを知り，政治に興味をもつ。　など

選挙の意義と課題

今日の目標 ▶ 投票をする意味について考えよう

❶ 民主主義を実現するために，選挙で投票をする時にどんなことが配慮されているか考えよう。

❷ 小選挙区制と比例代表制を比べよう。

小選挙区制	選挙制度	比例代表制
1つの選挙区から1人に投票する。選挙区は細かく分ける。	投票	政党名などを書いて投票し，得票数に応じて政党に議席を配分する。配分方法はドント式。
大きな政党が勝ちやすいため，政治が安定しやすい。	長所	①
②	短所	③
④なぜ衆議院でも参議院でも異なる選挙制度を組み合わせるのか。		

❸ 民主主義の実現のために，選挙で1票を投じることにどのような意味があるのか。あなたの意見を書こう。

第4時 本時の目標

情報化社会における世論のあり方について考えよう

1 導入 同日の新聞の見出しを読み比べる

　国政選挙や重要法案の成立などの翌日の新聞を複数提示して，見出しやリード文の表現の違いに着目させる。その上で「同じできごとを報道しているのに，なぜ表現が違うのか」と問い，考えを記入させる（ワークシートの❶）。見出しに差異が見られない場合や，より読解力を育成したい場合は，一面記事に加えて社説を取り上げると良い。

2 展開 情報源による特色の違いについて考える

　世論の定義を確認してから，「優れた世論を形成するためには，さまざまなメディアから情報を入手する際に，どのような点に気を付ければ良いか」と問い，情報源ごとの留意点について考えさせる。（ワークシートの❷(1)）。

　つづけて「政治に関する情報を入手する際に大切なことは何か」と問いかけて記入させる（ワークシートの❷(2)）。このように，政治の情報におけるメディアの特性を比較しながら考えることは，情報リテラシーの育成につながる。

> **見方・考え方を働かせるポイント** ▶▶▶
>
> 　情報リテラシーの育成や主権者教育と関連付け，利便性と安全性の視点に着目させながら，情報化社会における世論の形成の課題について考えさせることで，見方・考え方を働かせる。

3 まとめ 政治におけるインターネットの活用法について考える

　学習のまとめとして「情報化社会の現代において世論を形成する上で，インターネットをどのように活用するべきか」と問う（ワークシートの❸）。インターネットの課題である情報の質の差に留意しながら，インターネットやSNSの特色である情報発信の機能を有効に活用させると，世論の形成に有効であると理解させたい。そのような理解は，主権者教育につながる。

ワークシートの解答例

❶ （例）新聞によって，前向きに評価するものとマイナス面を強調するものとがあるから。
　　　新聞社の方針によって，政治的な立場や主張したいことが異なる。　など

❷ (1)①情報のかたより　②保存が難しい　③情報の古さ
　　④質の差や信頼性の低さ　⑤情報の正確さの保証がない

　(2)⑥（例）より多くの情報を集め，情報の信頼性や政治的な主張を比べながら選ぶ。　など

❸ （例）さまざまな情報を入手して情報を見極め，必要に応じて自分からも正確な情報を発信する。
　　　情報の信頼性に気を付けて，SNSで政治に関する意見の発信やフォローをする。　など

▶ 民主主義の優れた点を生かすにはどのような工夫が必要か

世論とマスメディア

今日の目標 ▶ 情報化社会における世論のあり方について考えよう

❶ 同じできごとを報道しているのに，なぜ表現が違うのか考えよう。

❷ 優れた世論を形成するための方法について考えよう。

(1)さまざまなメディアから情報を入手する際に，どのような点に気を付ければ良いか。下の表の①～⑤に記入しよう。

(2)政治に関する情報を入手する際に大切なことを下の表の⑥に記入しよう。

情報源	情報の特色	気を付けるべき点	⑥情報の入手で大切なこと
新聞	信頼性	①	
テレビ	視覚効果と速さ	②	
書籍	専門性や信頼性	③	
インターネット	量と伝達の速さ	④	
SNS	身近で多様な情報	⑤	

❸ 情報化社会の現代において世論を形成する上で，インターネットをどのように活用するべきか。あなたの意見を書こう。

第6時 本時の目標

国会議員の役割に関心を高めよう

1 導入　クイズ形式で国会議員の特権を紹介する

　プレゼンテーションソフトなどを活用して，国会議員の待遇や特権をクイズ形式で紹介する。例えば，4択問題で学校の先生，生徒が知っていそうな俳優，ユーチューバー，国会議員の写真を提示して「この中で新幹線に無料で乗ることができる人は誰でしょうか」などのクイズを出題する。クイズをすると生徒から「ずるい！」「なんで？」と言った声が上がる。そこで，「なぜこのような待遇や特権があるのか」と問う（ワークシートの❷）。感情的な反発から脱却させ，民意を反映するための重要な待遇であることに気付かせたい。

2 展開　議員提出法案に関する課題を読み取る

　前時の復習として，国会の重要な役割が法案の審議であることを確認する。そして，法案に関わって，内閣提出と議員提出の法案数と成立件数の推移のグラフ（多くの教科書に掲載されるグラフ）を取り上げ「議員提出の法案にはどのような課題があるか」と問う。さらに，「なぜこのような課題が生じるのか」と理由を考えさせる（ワークシートの❸）。政党や国会の学習内容と結び付けて考え，多数派の与党の動きを推測させる。

> **見方・考え方を働かせるポイント ▶▶▶**
> 　民主主義の視点や多様性の視点に着目させ，国民の代表である国会議員の活動の意義や課題について考えさせることで，見方・考え方を働かせる。

3 まとめ　キャンディチャートで議員立法がなくなることの問題を予測する

　「『どうせ法案が成立しない』などと考えて，もし議員が法案の提出を止めたらどうなるだろうか」と問う。その際，思考ツールのキャンディチャートを用いて予測させる（ワークシートの❹）。グループで意見を交流して，国会議員や政治への無関心や失望といった生徒が抱きがちな感情を逆手に取り，国民の代表者としての国会議員の責務の重要性を理解させる。

┌─ **ワークシートの解答例** ─
❶ （略）【補足】不逮捕特権や交通費，通信費，公設秘書，議員会館などの待遇を取り上げる。

❷ （例）選挙以外の時期も地元の声を聞く必要があるから。国会で自由に議論をするため。　など

❸ (1)（例）議員の提出した法案は内閣提出と数はほぼ同じだが，成立する数が少ない。　など
　 (2)（例）内閣提出の法案は与党が支持するため，可決されやすい。　など

❹ （結果の例）内閣や与党が独裁的な政治をする。様々な立場の国民の意思が反映されない。　など
　 （理由の例）議員提出の法案と比較しながら議論できないから。　など

単元を貫く学習課題 ▶ 民主主義の優れた点を生かすにはどのような工夫が必要か

国会議員の責務

今日の目標 ▶ 国会議員の役割に関心を高めよう

❶ 国会議員クイズ！

❷ なぜこのような待遇や特権があるのか。

❸ 議員提出の法案にはどのような課題があるか。

(1)グラフから，議員提出法案の課題を読み取ろう。

(2)なぜ(1)のような課題が生じるのか考えよう。

❹ 議員が法案の提出を止めたらどうなるか予想しよう。

もし【仮定】　　　　　　　　こうなる【結果】　　　　　　　なぜなら【理由】

議員が法案の
提出を止める。

第**7**時 日本の議院内閣制の特徴を理解しよう

1 導入　憲法から内閣の仕事を確認する

「内閣とは何をする所か」「どんな人たちが内閣のメンバーか」と問い，予想を口頭で答えさせる。その上で「内閣とは何か，憲法から読み取ろう」と指示する（ワークシートの❶）。その際，内閣の集合写真や閣議前の映像などを紹介すると，生徒がイメージしやすい。

2 展開　人権保障に関する社会的事象を分類する

日本の国会と内閣の関係を「議院内閣制は，大統領制とどのような違いがあるのか」と問い，ベン図を使って比較させる（ワークシートの❷）。大統領制についてはあらかじめ項目を記入しておき，議院内閣制を中心に扱い，その特色を憲法の条文や教科書などにある図から読み取る。また，共通点を考えさせる際には「どちらも民主主義の国の制度であることに着目しよう」と視点を明示すると考察しやすい。ベン図の内容は，実物投影機やタブレットでスクリーンやテレビに投影して全体で確認する。ICT の活用が難しい場合は，ペアで交流する形でも良い。

見方・考え方を働かせるポイント ▶▶▶

ベン図を使って議院内閣制と大統領制の共通点を考える際や，議院内閣制特有の利点について考える際に，民主主義の視点に着目させることで見方・考え方を働かせる。

3 まとめ　議院内閣制の利点について考える

ベン図に記入した内容を基に，「民主政治を発展させる上で，議院内閣制には大統領制と比べてどのような良さがあるか」と発問する（ワークシートの❸）。3〜4人のグループで意見を交わし，全体でも交流する。衆議院総選挙に合わせて新しい内閣が成立するしくみが，民意を政治に反映させることにつながっていると理解させる。それと同時に，行政府と立法府の密接なつながりが，前時で扱った議員立法の成立数の少なさの一因となるという課題にも気付かせる。

┌─ ワークシートの解答例 ─

❶ ①行政権　②内閣総理大臣　③国務大臣　④国会議員

【補足】国民主権の復習として，天皇の国事行為に対して内閣が助言と承認をすることに触れる。

❷ ①（例）内閣が国会に連帯責任を負う。立法府との結び付きが強い。
　　　　　国会と内閣が協力して政治を行う。　　　　　　　　　　　　　　など

　②（例）行政を担う。立法府と権力を分けている。選挙で国民の意思が反映されている。　など

❸ （例）衆議院総選挙の結果で内閣が決まるので，民意の変化がすぐに政治に反映される。

【補足】一方の課題として，総辞職により国民の意思と関係なく首相が交代する点に触れる。

単元を貫く学習課題 ▶ 民主主義の優れた点を生かすにはどのような工夫が必要か

議院内閣制

今日の目標 ▶ 日本の議院内閣制の特徴を理解しよう

1 内閣とは何か，日本国憲法の条文から読み取ろう。

「（① 　　　　　　　　　）は，内閣に属する。」（第65条）

「内閣は，法律の定めるところにより，その首長たる（② 　　　　　　　　　　）及び

その他の（③ 　　　　　　　　）でこれを組織する。」（第66条）

「内閣総理大臣は，（④ 　　　　　　　　　　）の中から国会の議決で，これを指名する。」（第67条）

2 日本の議院内閣制をアメリカの大統領制と比べよう。

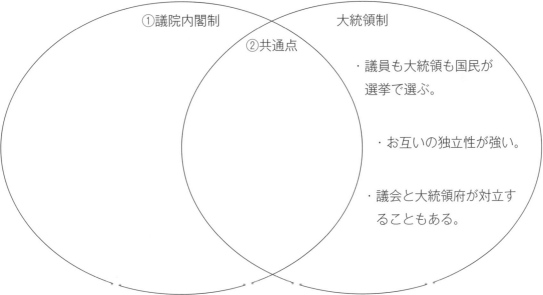

①議院内閣制　　②共通点　　大統領制

・議員も大統領も国民が選挙で選ぶ。

・お互いの独立性が強い。

・議会と大統領府が対立することもある。

3 日本の議院内閣制には，大統領制と比べてどのような良さがあるか。

8 司法権の独立と裁判

▶単元構想

単元の目標

○諸資料から現代の社会的事象に関する情報を効果的に調べてまとめながら，国民の権利を守り，社会の秩序を維持するために，法に基づく公正な裁判の保障があることを理解する。

○法に基づく公正な裁判と個人の権利の保障や社会の秩序の維持の関連性などについて，対立と合意，効率と公正，個人の尊重と法の支配などの視点に着目して，多面的・多角的に考察し，表現する。

○現代の社会的事象について，国民の意思の反映や人権の尊重などに関わって，司法の課題を主体的に見出して追究し，解決しようとする態度を養う。

単元を貫く学習課題

もし裁判がなかったら，私たちはどのようなことに困るのか

各時間の目標

1	裁判のはたらきについて関心を高めよう
2	民事裁判と刑事裁判のちがいを図で理解しよう
3	裁判に時間がかかる理由を理解しよう
4	市民が司法と関わる必要性について考えよう
5	三権分立のしくみの図を説明しよう

評価規準

知識・技能	思考・判断・表現	主体的に学習に取り組む態度
ア 民事裁判と刑事裁判の目的や流れについて，図から必要な情報を読み取りながら理解している。 イ 法に基づく公正な裁判の意義を理解している。	ア 司法制度改革の目的について，効率と公正の視点から考えている。 イ 三権分立の特色について，図を基に考えながら文章で表現している。	ア 司法権の独立と法による裁判と権利の保障の関連性について関心を高めている。

▶単元の指導計画

時	ねらい	学習活動	○教師の指導　■評価

もし裁判がなかったら，私たちはどのようなことに困るのか

1	**【司法権と裁判の役割】** 司法権の独立と法による裁判と権利の保障の関連性について関心を高める。	**裁判のはたらきについて関心を高めよう（→ p.64）** ・司法権の独立の意義について確認する。 ・裁判所がある市町村に注目させて，裁判所の4つの種類を調べる。 ・キャンディチャートを参考にして，単元を貫く学習課題への予想を立てる。	○参政権と請求権の学習と関連付ける。 ■態ア
2	**【民事裁判と刑事裁判】** 民事裁判と刑事裁判の目的や流れについて，図から必要な情報を読み取りながら理解する。	**民事裁判と刑事裁判のちがいを図で理解しよう** ・裁判に関わる職業の人たちを，肩書を補足しながら写真で紹介する。可能であればインタビュー動画を流す。 ・民事裁判と刑事裁判の図を比較しながら，原因，裁判に関わる人，判決までの流れの3点から違いを理解する。	○地域の司法関係者（裁判官や検察官，弁護士）を取り上げ，具体的な仕事の様子を紹介する。 ■知ア
3	**【人権を守る裁判】** 法に基づく公正な裁判の意義を理解する。	**裁判に時間がかかる理由を理解しよう（→ p.66）** ・くま手チャートを用いて，裁判が控訴できない場合などの影響について考える。 ・公正な裁判を行う視点から，三審制などのねらいについて考える。 ・公正な裁判の反面，効率が悪くなることの問題に気付かせ，次時につなげる。	○効率と公正の視点から，現行の裁判制度の意義と課題を見出させる。 ■知イ
4	**【司法制度改革】** 司法制度改革の目的について，効率と公正の視点から考える。	**市民が司法と関わる必要性について考えよう** ・裁判員制度によって国民の視点や感覚を司法に生かす意義について，手続きや結果の公正さの視点から考える。 ・裁判員制度以外の司法制度改革について調べて発表する。	○裁判員の辞退率の高さの課題について資料を提示して取り上げる。 ■思ア
5	**【単元のまとめ】** 三権分立の特色について，図を基に考えながら文章で表現する。	**三権分立のしくみの図を説明しよう（→ p.68）** ・三権の相互の関係性について考える。 ・三権分立の図の中央に国民が位置付けられている意義について考える。 ・この単元で学習した内容を基に，単元を貫く学習課題に対する考えを表現する。	○既習事項を生かしながら図の解説を生徒の手で行い，習得した知識を活用させる。 ■思イ

本時の目標

裁判のはたらきについて関心を高めよう

1 導入 写真から地域に裁判所があることを確認する

　地域にある裁判所の外観の写真を提示して「**これは何か**」と問う。わからない生徒が多いと想定される。つづけて，法廷の写真を提示して，身近な裁判所だと気付かせ，関心を高めさせる。学校所在地周辺に簡易裁判所しかない場合は，最高裁判所の外観と大法廷の写真など，イメージしやすいものを資料として提示すると良い。

2 展開 司法権の独立の意義について考える

　「**日本にはどのくらい裁判所があるのか**」と問い，教科書の表などを用いて裁判所の数と種類を調べさせる。答えを確認してから「**裁判所が最高裁判所の１か所だけならどうなるか**」と問う（ワークシートの ❶）。裁判所が全国に複数設置されていなければ混乱が生じることを理解させる。次に「**憲法では裁判についてどのように定められているのか**」と発問して調べさせる。その上で，「**もしこのような内容が憲法に定められていなかったら，どのような問題が起きるか**」と問い，グループで意見を交流し，司法権の独立の意義を理解させる（ワークシートの ❷）。

> **見方・考え方を働かせるポイント** ▸▸▸
>
> 　「もし…なら」という仮定形の発問を重ねることで，個人の尊重や効率と公正の視点から，裁判を受ける権利が保障されていることの意義について見方・考え方を働かせるようにする。

3 まとめ 単元を貫く学習課題への予想を立てる

　単元を貫く学習課題の欄に「**もし裁判がなかったら，私たちはどのようなことに困るのか**」と記入させ，キャンディチャートを用いて予想させる（ワークシートの ❸）。キャンディチャートは仮説を立てる時に有効な思考ツールである。記入した内容を基に考えを整理しながら，普段の単元を貫く学習課題と同様に，別紙のワークシートかノートに文章で予想を記入させる。

┌─ **ワークシートの解答例** ─

❶ (1)①最高　②下級　【補足】それぞれの裁判所の位置や数の違いに着目させる。

　(2)（例）判決までの時間がかかる。罪の軽重に関係なく同じ場所で裁判をすると混乱する。
　　　　 裁判を受けるために遠くまで行く必要があるので，訴えようと思わない。　など

❷ (1)①良心　②憲法　③法律

　(2)（例）感情的に判断する可能性や，政治家の圧力を受けて判決を下すおそれがある。　など

❸ （結果の例）無実の罪で罰せられる。トラブルが起きても自力で解決するしかない。

　（理由の例）証拠や状況を見て法律にそって冷静に判断してもらう機会がないから。　など

司法権と裁判の役割

今日の目標 ▶ 裁判のはたらきについて関心を高めよう

❶ 日本に様々な裁判所がある理由を考えよう。

(1)裁判所の種類

・(①　　　　　）裁判所…東京都に1か所，15人の裁判官

・(②　　　　　）裁判所…高等裁判所，地方裁判所，家庭裁判所，簡易裁判所

(2)日本に裁判所が最高裁判所の1か所だけならどうなるか予想しよう。

❷ 司法権の独立の意義について考えよう。

(1)憲法で保障される司法権の独立

「すべて裁判官は，その（①　　　　　）に従ひ独立してその職権を行ひ，この（②　　　　　）

及び（③　　　　　）にのみ拘束される。」（憲法第76条3項）

(2)もし(1)が憲法に定められていなかったらどのような問題が起きるか。

◀ 単元を貫く学習課題 ▶

❸ 単元を貫く学習課題への予想を立てよう。

もし【仮定】　　　　　　　　　　こうなる【結果】　　　　　　　　なぜなら【理由】

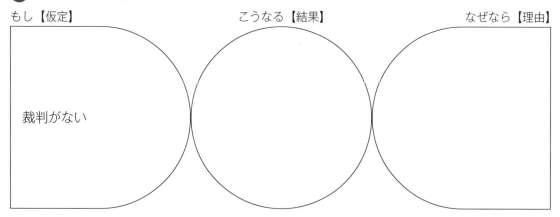

裁判がない

第3時 裁判に時間がかかる理由を理解しよう

1 導入　裁判の結審までに時間がかかる事実を確認する

「平均3.2か月」という数字を示し，「裁判に関わるどのような数字か」を尋ね，口頭で予想を答えさせる。答えは平均の審理期間である（裁判所が発行する『裁判の迅速化に係る検証に関する報告書』平成28年度より）。さらに，社会的な影響が大きな刑事裁判や事実関係での争いがあるような事件では期間が数年に及ぶこともあることを，実際の事例を示して紹介する。

2 展開　裁判に時間がかかる理由について考えて三審制の意義を理解する

裁判に時間がかかる一因として三審制が定められていることを確認して「もし三審制がなければどのような問題が起きるか」と問い，くま手チャートを用いて考えさせる（ワークシートの❷）。くま手の歯の部分は行ごとに問題点を書かせるが，行が足りない時は下に手書きで増やしても良いと指示する。考えた内容を小グループで交流した上で，くま手チャートの内容を基に「公正の視点から三審制の良さを文章でまとめよう」と指示して，考えさせる（ワークシートの❸）。個人の意見を集約して小グループの意見としてまとめ，全体に向けて発表させる。

> ### 見方・考え方を働かせるポイント ▸▸▸
> 効率と公正の視点から司法制度について考えることで見方・考え方を働かせる。特に，三審制の良さについては公正の視点，課題については効率の視点から考えさせる。

3 まとめ　効率の視点から裁判の課題について考える

公正な裁判をする上で三審制が重要であることを確認した上で，「逆に三審制の課題はないだろうか。裁判の効率化という点から考えよう」と発問する（ワークシートの❹）。「やっぱり時間がかかるのは良くない」「当事者や被害者は早く何とかしてほしいから裁判をしている」などの生徒の率直な気持ちに焦点を当て，次時の司法制度改革の学習に生かす。

ワークシートの解答例

❶ （略）【補足】裁判に時間がかかることについては，新聞記事などを活用して実例を示すと良い。

❷ （例）１回だけだと裁判官や裁判員が間違った判断をするかもしれない。

　　　１度きりの裁判だと納得ができない人もいる。

　　　誤った自白をした人が有罪になってしまうかもしれない。

　　　１回の裁判をどの裁判所で行うか決めるのが難しい。　など

❸ （例）慎重で公正な裁判につながることで，裁判を受ける人たちの人権が守られる。　など

❹ （例）時間が長くなる。何度も行うことでお金がかかる。裁判を起こしづらくなる。　など

単元を貫く学習課題 ▶ もし裁判がなかったら，私たちはどのようなことに困るのか

人権を守る裁判

今日の目標 ▶ 裁判に時間がかかる理由を理解しよう

❶ 「平均3.2か月」とは？

❷ もし三審制がなければどのような問題が起きるか考えよう。

三審制がなかったら
起きる問題

❸ 公正の視点から，三審制の良さを文章でまとめよう。

❹ 効率の視点から，三審制の問題点を考えよう。

第5時 本時の目標

三権分立のしくみの図を説明しよう

1 導入　給料から三権分立への関心を高める

　内閣総理大臣と最高裁判所長官の写真を順に見せて，「**この人は誰か**」と問う。つづけて「**この人たちの毎月の報酬はいくらか**」と問い，何人かに予想を答えさせる。金額が同じことを教えて「**なぜ報酬が同じなのか**」と問い，担う権限に注目させながら考えさせる（ワークシートの❶）。補足として，根拠となる法律が異なるにも関わらず，金額が同じであることを教え，行政権の長と司法権の長の対等な関係性が報酬においても表れていることに気付かせる。

2 展開　三権分立の図を分析する

　三権分立の図は政治単元のまとめとして重要だが，空欄補充や教師の説明になりがちである。そこで，学習した内容を生かして説明させるように学習を展開する。政治のまとめとして三権の関係を振り返ることを確認し，教科書にある三権分立の図を提示する。まずは図の中でわからない言葉の意味を調べさせる（ワークシートの❷）。表が足りない場合は付け足したりノートに書かせたりしても良い。つづけて「**三権の矢印の中で，密接な関係にあるものを見つけて説明しよう**」「**国民が中央に置かれているのはなぜか**」と順に問う。いずれも既習事項で説明ができる問いなので，習得した知識の活用につながる。

> **見方・考え方を働かせるポイント** ▶▶▶
> 　権力の濫用という課題を解決する方法としての権力の分立について，民主主義の視点から図を解説して表現する活動を取り入れることで，見方・考え方を働かせる。

3 まとめ　三権の抑制と均衡についてまとめる

　本時の学習のまとめとして「**権力の行使に関わってどのような工夫があるか**」と問う（ワークシートの❸）。最後に，単元を貫く学習課題への解答を別紙に書かせる。

┌─ ワークシートの解答例 ─

❶　(例)（行政権の長と司法権の長という）同格の職や地位であるから。　など

　　【補足】2019年7月時点では，内閣総理大臣と最高裁判所長官の報酬は月額201万円，衆参両院議長は月額217万円である。

❷　(1)（例）語句：違憲立法審査権　　意味：法律などが憲法に違反していないか判断する権限。

　　(2)（例）衆議院が内閣不信任を決議した場合，内閣は衆議院を解散することもできる。　など

　　(3)（例）国民主権の原則に沿って，三権のいずれにも関わるようになっているから。　など

❸　(例)三権が相互にチェックしながらバランスを保ち，権力が暴走しないようにしている。　など

単元を貫く学習課題 ▶ もし裁判がなかったら，私たちはどのようなことに困るのか

三権分立

今日の目標 ▶ 三権分立のしくみの図を説明しよう

❶ なぜ内閣総理大臣と最高裁判所長官の報酬が同じなのか考えよう。

❷ 三権分立の図を解説しよう。

(1)関係の中でわからない言葉の意味を調べよう。

語句	意味

(2)三権の矢印の中で，密接な関係にあるものを見つけて説明しよう。

(3)国民が中央に置かれているのはなぜか説明しよう。

❸ 権力の行使に関わってどのような工夫があるか考えよう。

9 地方自治と住民参加

▶単元構想

単元の目標

○地方公共団体の政治に関する様々な資料を収集し，有用な情報を適切に読み取ったり図表にまとめたりしながら，地方自治の基本的な考え方や地方公共団体の政治のしくみ，住民の権利や義務について理解する。

○地方自治の課題とその解決に向けて，対立と合意，効率と公正，民主主義などの視点に着目して，多面的・多角的に考察し，表現する。

○地方自治の発展に寄与しようとする自覚や住民としての自治意識の基礎を育成することに向けて，地方自治や住民参加の課題を主体的に見出して追究し，解決しようとする態度を養う。

◀単元を貫く学習課題▶
中学生が自分たちの住む町のためにできることは何か

各時間の目標

1	自分が住む地域の課題を見つけて関心を高めよう
2	地方財政の課題を資料から読み取ろう
3	住民の権利について理解しよう
4	子ども条例から住民参加の方法について考えて提案しよう
5	どの地域でも共通する課題と解決の方向性について考えよう

評価規準

知識・技能	思考・判断・表現	主体的に学習に取り組む態度
ア　地方自治の特色や地方財政の特色について，歳入・歳出の資料から情報を適切に読み取っている。	ア　地域における交流のあり方について，多面的・多角的に考察して構想を表現している。	ア　自分が住む地域の政治に関心をもち，地域の現状を見つめ直し，地域の課題を解決することについて関心を高めている。
イ　直接請求権や住民投票などの住民の権利について理解している。	イ　地方自治の課題や解決の方向性について考察した結果を適切に表現している。	

▶単元の指導計画

時	ねらい	学習活動	○教師の指導　■評価
		中学生が自分たちの住む町のためにできることは何か	

1	【地域の課題と地方自治】 自分が住む地域の政治に関心をもち，地域の現状を見つめ直し，地域の課題を解決することについて関心を高める。	自分が住む地域の課題を見つけて関心を高めよう ・函館市に関する2つのアンケートを紹介し，観光客の魅力度は日本一だが住民の幸福度が最下位であることを理解する。 ・幸福度の低い原因を予想し，人口減少や財政難などの課題を見出させる。 ・単元を貫く学習課題への予想を立てる。	○学校所在地の地方公共団体に関するアンケートや統計を用意する。必要に応じて市民のインタビューを紹介する。 ■態ア
2	【地方公共団体の仕事と地方財政】 地方自治の特色や地方財政の特色について，資料から情報を適切に読み取る。	地方財政の課題を資料から読み取ろう（→ p.72） ・地方公共団体のホームページか広報紙から，行政サービスについて調べる。 ・函館市の予算案の資料を見ながら，財政についてPMIシートで評価する。 ・財政面での課題を見出す。	○学校所在地の地方公共団体全体の課題は，全国的な傾向と一致する点に気付かせる。 ■知ア
3	【住民の権利と参加】 直接請求権や住民投票などの住民の権利について理解する。	住民の権利について理解しよう ・新聞記事などを参考に，直接請求権の種類や方法について調べる。 ・地方自治において直接請求権が保障されている理由について考える。 ・全国の特色ある条例について調べ，地域の魅力化と関連付けて意義を理解する。	○三権分立の図を復習し，国に対する国民の権利と比較し，住民の権利としてできることが多いと気付かせる。 ■知イ
4	【地方自治への住民参加】 地域における交流のあり方について，多面的・多角的に考察して構想を表現する。	子ども条例から住民参加の方法について考えて提案しよう（→ p.74） ・函館市子ども条例の課題を見出す。 ・条例の理念を具体化する方法として，地域交流のあり方について考える。 ・改善策を地域や地方公共団体に対して実際に提案する。	○実際に市役所などに提言をし，効率と公正の視点から講評をしてもらうようにする。 ■思ア
5	【単元のまとめ】 地方自治の課題や解決の方向性について考察した結果を適切に表現する。	どの地域でも共通する課題と解決の方向性について考えよう ・函館市を含めた地方自治全体に共通する課題や解決の方向性について考える。 ・この単元で学習した内容を基に，単元を貫く学習課題に対する考えを表現する。	○中学生が行政などに実際に働きかける意義について実感させる。 ■思イ

本時の目標

地方財政の課題を資料から読み取ろう

1 導入　行政サービスの特色について調べる

「函館市は地域の住民のためにどのような仕事をしているのか」と問い，生徒に予想を答えさせてから，市のHPや広報紙を使って調べさせる（ワークシートの❶）。補足として，学校の先生の特殊性（教員は都道府県職員だが学校は市町村立で，給与の3分の1を国庫で負担）に触れると，教育の重要性や国と地方の連携という点から生徒の関心を高めることができる。

2 展開　予算案の資料を見ながら，財政についてPMIシートで評価する

函館市の扱う仕事の多種多様さを確認した上で，**「函館市はどのようなことにどれくらいお金を使っているのか」**と問う（ワークシートの❷）。「函館市各会計予算（案）資料」を使って，PMIシートに記入しながら財政の状況について評価する。予算の読み取りは難しいので小グループで活動する方がよい。また，財政全体に関する内容（歳入における自主財源と依存財源の割合，歳出の項目別の割合など）と，個別の支出に関する内容の両面から資料を読み取って評価をさせる。その際，財政の効率性や公正さに着目させるように促す。

> ### 見方・考え方を働かせるポイント ▶▶▶
>
> 効率と公正や地方自治における民主主義の実現という視点から，行政サービスの内容や地方財政のあり方について，思考ツールを使いながら評価させることで見方・考え方を働かせる。

3 まとめ　地方公共団体の財政面での課題を見出す

「財政面での課題は，函館市特有の問題なのだろうか」と問い，地方財政の歳入と歳出をまとめたグラフ（教科書や総務省HPに掲載されている）の内容を読み取らせる（ワークシートの❸）。地方債の発行や国からの補助金に依存している点に気付かせる。

┌─ ワークシートの解答例 ─

❶ （例）出生届など戸籍の管理。学校やホール，スポーツ施設の運営。公園の設置と管理。消防。
　　　　ごみ収集とごみ処理。水道。道路の除雪。路面電車の運行。観光を広めること。　など

❷ （Pの例）市債の金額より公債費が高く，残高が減っている。教育関係の支出が多い。　など
　　（Mの例）市債の割合がまだ高い（8％）。人件費が高い。イベント関係の支出には民間にまかせ
　　　　　　ても良さそうな内容がある。減少するイカ漁の対策費が少ない。　など
　　（Iの例）子育て支援で新しい支出が増えた。学校の建設に25億円かかっている。　など

❸ （例）函館を含めた地方公共団体全体が，地方債の発行の割合が高く，国から受け取る依存財源
　　　　の割合も高いなど，財政に課題がある。　など

単元を貫く学習課題 ▶ 中学生が自分たちの住む町のためにできることは何か

地方公共団体の仕事と地方財政

今日の目標 ▶ 地方財政の課題を資料から読み取ろう

❶ 函館市は地域の住民のためにどのような仕事をしているのか調べよう。

❷ 函館市の財政の良い点や課題について，予算案の資料から読み取ろう。

良い点（plus）＋	悪い点（minus）－	面白い点 （interesting）

❸ 財政面での課題は，函館市特有の問題なのか。資料から地方全体の状況を読み取って考えを書こう。

第4時 本時の目標

子ども条例から住民参加の方法について考えて提案しよう

1 導入　子ども条例に関する課題を見出す

　学校所在地である函館市の子ども条例を教材として取り上げ，課題について考えさせる。なお，2017年の時点で，全国で100以上の地方公共団体で類似の条例が制定されているので，函館に限らずに多くの地域においても参考になる学習展開だと考える。

　導入では，条例とは何だったかを復習した上で，勤務校の生徒に事前に行ったアンケート結果（函館市子ども条例の認知度）を提示する。制定から時間が経つほど認知度は下がり，また，内容についてはわからない生徒が増える。その結果を基に「**地方自治を進めるために，函館市子ども条例にはどのような課題があるか**」と問い，課題を見出させる（ワークシートの❶）。

2 展開　条例の理念を具体化する方法について考える

　条例の課題を解決する方法を構想させる。「**条例の理念を実現するために具体的にどのようなことをすべきか**」と問い，生徒でもアイデアを出しやすい条文（函館市子ども条例の場合は地域住民と子どもの交流促進や地域における体験学習の実施に関する条文）を取り上げ，具体的な活動案と効果を考えさせる（ワークシートの❷）。個人思考の後に，小グループで発表用ホワイトボードになどに意見を集約する。

見方・考え方を働かせるポイント ▶▶▶

　効率と公正の視点から，条例の理念の実現という課題の解決に向けて多面的・多角的に構想を立て，実際に地域や行政に対して提言することで見方・考え方を働かせる。

3 まとめ　改善策を提案して地域の変容について考える

　構想した内容を発表させる。発表した内容は市役所の子ども未来部（条例担当部署）や，コミュニティ・スクールの会議で提案する。市役所に対しては，提案を文書にまとめて市役所に持参するか，可能であればゲストティーチャーとして招く。学習の最後にまとめとして，条例の理念を具体化することで期待される地域の変容の姿について構想させる（ワークシートの❸）。

> ── ワークシートの解答例 ──
>
> ❶ （例）条例が十分に周知されていない。条例の趣旨が理解されていない。　など
>
> ❷ （例）野球部員が高校生や小学生と合同練習会を行えば，地域の学校間の交流が盛んになり，技術が向上する効果がある。地域の大人による放課後学習会を行って学力を高める。　など
>
> ❸ （例）お金をかけずにできる地域との交流はたくさんあり，それらの活動を促進することで条例の理念が実現し，函館のまちや子どもの環境はより良くなる。　など

単元を貫く学習課題 ▶ 中学生が自分たちの住む町のためにできることは何か

地方自治への住民参加

今日の目標 ▶ 子ども条例から住民参加の方法について考えて提案しよう

❶ 地方自治を進めるために，函館市子ども条例にはどのような課題があるか考えよう。

❷ 条例の中の「子どもと地域住民との交流」や「地域社会における体験学習」（第16条）について具体的に考えよう。

【条件】①誰と誰が，どんな交流や体験をするのか，具体的に考えること。

②交流や体験の効果について考えること。

【視点】①効率と公正の視点から実現の可能性や効果を考える。

②従来の活動の拡大や，「あったら良いな」と思う交流を考える。

内容	効果

❸ 【まとめ】地域との交流や体験によって，函館の町や子どもたちはどのように変化するだろうか。考えをまとめよう。

「私たちと経済」における アクティブ・ラーニングのポイント

❶ 経済を「難しい」から「楽しい」へと変える

　経済に関する単元は，社会科の中では異質な単元と言えるかもしれません。株価の動きや価格が決定する仕組み，貿易と為替などの仕組みは，目に見えずに難解な内容を含みます。「わからない」という声が多くなるのが経済の単元かもしれません。

　そのため，生活と関わりのある内容を取り上げて生徒が不思議に感じる気持ちを刺激したり，仕組みのある理由を考えさせたりすることが効果的です。経済においては，合理的に選択することが自分だけではなく社会全体の利益につながります。経済の仕組みが身近な生活を含めた社会全体と関わっていることを実感させて，「なるほど！　そういうことか！」と生徒が口にするように，単元の学習計画を立てる必要があります。

❷ 専門家と協働する

　公民的分野では，消費者教育や金融経済教育，主権者教育，キャリア教育，法教育，国際理解教育など，学校の内外で重視されるような教育の要素が含まれています。学習の中に取り入れるには教育課程の編成の工夫が必要です。さらに，学習活動によっては教科書の内容以上の専門性が求められるので，相当な教材研究が必要となります。そのために，実際には負担を感じてしまい，これらの「○○教育」は力を入れている一部の教師だけの実践になりがちです。

　しかし，現代社会の特色を理解したり課題を見出して追究したりする上で，これらの教育を取り入れないのはもったいないことです。そこで，教師と生徒の負担感を軽減しながら，効率的に学習を行うための工夫が大切です。その工夫とは，力を借りることです。例えば，消費者教育であれば，消費者庁や消費者団体の教材や人材を借りるという方法が考えられます。外部人材の活用を足踏みする場合は，家庭科の先生にゲストティーチャーになってもらうのも良いでしょう。社会科の教師が一人で抱え込まずに助けを求めることで，かえって学習内容が高度になり，生徒の「深い学び」につながる可能性があります。

　OECD が提唱する「Learning Framework 2030」（OECD 教育2030）の１つが「Creating new value（新しい価値の創造）」です。新しい財やサービス，社会モデルを他者との協働で生み出す力が，これからの変化の激しい時代を生き抜くという考えです。１人で何でもできることよりも，他者とつながって力を合わせて課題を解決することが大切だと言えます。それは，これからの学校教育を担う教師にも言えることでしょう。教科の特性や学校の独自性を生かしつつ，他の専門家を頼って力を借りることが，生徒の豊かな学びを保障します。

第 **4** 章

「私たちと経済」の
授業展開&ワークシート

10 消費生活と市場経済

▶単元構想

単元の目標

○市場経済の働きと経済に関する様々な資料を収集し，有用な情報を適切に読み取ったり図表にまとめたりしながら，経済活動の意義や市場経済の基本的な考え方について理解する。

○市場経済や消費者生活における課題とその解決に向けて，対立と合意，効率と公正，分業と交換，希少性などの視点に着目して，多面的・多角的に考察し，表現する。

○個人や企業の経済活動における責任を自覚し，市場経済や消費生活における課題を主体的に見出し，その課題を解決しようとする態度を養う。

```
単元を貫く学習課題
```
なぜ世界に市場経済の仕組みが広まったのか

各時間の目標

1	経済と生活の関連性に関心を高めよう
2	経済の原則を家計の仕組みから理解しよう
3	情報化や少子高齢化と流通の変化の関わりについて考えよう
4	価格が決まる仕組みについて理解しよう
5	市場経済の問題点を克服する方法について関心を高めよう

評価規準

知識・技能	思考・判断・表現	主体的に学習に取り組む態度
ア　市場経済の仕組みなどの経済の原則について，家計の仕組みから理解している。 イ　市場の原理に従って価格が決まる仕組みについて理解している。	ア　生産と消費をつなぐ流通の役割と，情報化などによる流通の変化の結果について考え，考察した結果を適切に表現している。	ア　希少性の視点に着目しながら，選択による経済活動が生活に影響を与えていることについて関心を高めている。 イ　市場が機能するための課題を見出し，解決への方策へ関心を高めている。

▶単元の指導計画

時	ねらい	学習活動	○教師の指導　■評価

なぜ世界に市場経済の仕組みが広まったのか

時	ねらい	学習活動	○教師の指導　■評価
1	**【経済を動かす3つの主体】** 選択による経済活動が生活に影響を与えていることについて関心を高める。	**経済と生活の関連性に関心を高めよう** ・実際の商品の選択を例に，経済とは有限な資金や時間を使い，有限な財やサービスを選択することだと理解する。 ・経済の三主体の結び付きを図で理解する。 ・貨幣の役割について考える。 ・単元を貫く学習課題への予想を立てる。	○あらゆるものが有限だという希少性について理解させ，今後の学習で希少性の視点に着目できるようにする。 ■態ア
2	**【家計】** 市場経済の仕組みなどの経済の原則について，家計の仕組みから理解する。	**経済の原則を家計の仕組みから理解しよう** ・家計簿のシミュレーションとして，給与の使い道を項目ごとに選択をする。 ・家計における選択の望ましい基準について，効率と公正の視点から考える。	○家計簿のシミュレーションでは，平均的な世帯のデータを用いる。 ■知ア
3	**【流通のはたらき】** 生産と消費をつなぐ流通の役割と，情報化などによる流通の変化の結果について考える。	**情報化や少子高齢化と流通の変化の関わりについて考えよう（→ p.80）** ・流通に関わる仕事をクイズで確認する。 ・オンライン・ショッピングが増える理由について考える。 ・小売店での購入とオンライン・ショッピングの違いについて比較し，それぞれの課題を克服する方法について考える。	○比較の際には，思考ツールのT型マトリクスを使い，項目も生徒に考えさせる。 ■思ア
4	**【市場のはたらき】** 市場の原理に従って価格が決まる仕組みについて理解する。	**価格が決まる仕組みについて理解しよう（→ p.82）** ・需要と供給の関係をカードゲームのレアカードや産地廃棄といった具体的な事例から考える。 ・受給曲線を基に，商品の価格が決まる仕組みを読み取る。 ・需要と供給が変化する場合の影響について考える。	○需要と供給の動きを示したグラフ（需給曲線）を実物投影機やプロジェクターで拡大表示しながら動きを説明する。 ■知イ
5	**【単元のまとめ】** 市場が機能するための課題を見出し，解決への方策へ関心を高める。	**市場経済の問題点を克服する方法について関心を高めよう** ・市場の独占の問題点について考える。 ・公共料金について効率と公正の視点から考える。 ・単元を貫く学習課題への考えをまとめる。	○生活の維持・向上のために経済活動が果たす意義に気付かせる。 ■態イ

第3時 　本時の目標

情報化や少子高齢化と流通の変化の関わりについて考えよう

1 導入　流通に関わる仕事をクイズで確認する

　流通業の様々な例について，写真を提示しながら内容を確認する（ワークシートの❶）。続けて，宅配便の取り扱い個数の変化を表で示して「**なぜ表のように変化しているのか**」と問い，情報化の進展によってオンライン・ショッピングが増加していることが，宅配便の増加と関連していることに気付かせる（ワークシートの❷）。

2 展開　小売店での購入とオンライン・ショッピングの違いを比較する

　「**小売店での購入とオンライン・ショッピングを比較して，情報化や少子高齢化が進む社会において，消費者にとっての課題を見つけよう**」と問う。Ｔ型マトリクスを利用するが，項目は空欄にして生徒に比較の視点を考えさせることで，主体的に考えることを促す（ワークシートの❸）。発問に「情報化」や「少子高齢化」という表現を含めることで，現代社会の特色の単元を思い出して，小売店とオンライン・ショッピングの特色について思考できるようにする。

> **見方・考え方を働かせるポイント** ▸▸▸
> 　効率と公正や利便性と安全性の視点から，小売店とオンライン・ショッピングを比較しながら現代の流通の特色と課題について考えることで，見方・考え方を働かせる。

3 まとめ　流通が変化する中での消費者の責務について考える

　Ｔ型マトリクス（表）を用いて比較した内容を小グループで交流する。その上で「**拡大していくオンライン・ショッピングを，私たちはどのように利用すれば良いか**」と問い，小グループごとに発表用ホワイトボードなどに記入させる。品質を見極めるための情報収集の工夫や，購入しすぎることへの注意，デジタル・ディバイドの解消などに関心を高めさせたい。

┌─ **ワークシートの解答例** ─────────────────────

❶ ①小売　②卸売　③運送　④倉庫　⑤広告　⑥保険　【補足】代表的な会社を写真で示す。

❷ （例）オンライン・ショッピングが増加したことで，宅配便の量が増えているから。　など

❸ ①（項目「価格」の例）（小売店）特売などの広告で安い商品がわかる。配送料はない。　など
　　　　（オンライン・ショッピング）最安値を比較できるが，配送料がかかることもある。　など
　　②（項目「時間」の例）（小売店）購入すればすぐ手に入るが，営業時間が決まっている。　など
　　　　（オンライン・ショッピング）いつでも注文できるが注文から到着まで時間がかかる。　など
　　③（項目「利用方法」の例）（小売店）誰でも使えるが重たい商品を運ぶのが大変。　など
　　　　（オンライン・ショッピング）インターネットにつながる機器がないと購入できない。　など

単元を貫く学習課題 ▶ なぜ世界に市場経済の仕組みが広まったのか

流通のはたらき

今日の目標 ▶ 情報化や少子高齢化と流通の変化の関わりについて考えよう

❶【写真クイズ！】流通に関わる仕事を理解しよう。

（①　　　　業）…消費者に商品を売る　　　　（②　　　　業）…①に商品を売る

（③　　　　業）…商品を運ぶ　　　　　　　　（④　　　　業）…商品を保管する

（⑤　　　　業）…商品を知らせる　　　　　　（⑥　　　　業）…万が一に備える

❷ 宅配便の取り扱い個数が，なぜ表のように変化しているのか考えよう。

宅配便取扱個数の推移

年	2002	2007	2012	2017
宅配便取扱個数（百万個）	2804	3198	3486	4212

国土交通省「平成30年度宅配便等取扱個数の調査」から作成

❸ 小売店での購入とオンライン・ショッピングを比べよう。

小売店での購入	項目	オンライン・ショッピング
	①	
	②	
	③	

本時の目標
価格が決まるしくみについて理解しよう

1 導入　身近な例から需要と供給の関係について理解する

　生徒が価格の決定に不思議さを感じるような例を取り上げる（ワークシートの❶）。まずはカードゲーム売り場の写真を提示して，「**なぜレアカードが高額で転売されるのか**」と問い，需要が高く，供給が少ないと価格が上がることを理解させる。次に産地廃棄の例を紹介して「**なぜせっかく育てた野菜を廃棄するのか。価格の変化に注目して理由を考えよう**」と問う。野菜は旬があるため供給過多になりやすいことを含め，供給量が増えすぎることの問題に気付かせる。

2 展開　市場メカニズムの仕組みをグラフから理解する

　「**需要と供給によって価格が決まる仕組みについて，グラフを参考にして考えよう**」と発問し，需給曲線を取り上げる。需要曲線は価格が安いほどほしい人が増えること，供給曲線は価格が高いほど生産者がたくさん売ろうとすることを，それぞれグラフで表現したものであると説明する。その上で，パン屋を例にして３つの価格の中から「**生産者と消費者のどちらもより満足できるのは何円か**」と問い，理由も含めて考えさせる（ワークシートの❷(1)）。

> ### 見方・考え方を働かせるポイント ▶▶▶
> 　　経済における希少性と有限性の視点に着目させながら，需要と供給によって市場価格が決定する
> -
> 　　仕組みについて考えさせることで，見方・考え方を働かせる。

3 まとめ　需要や供給の変化の影響について考える

　均衡価格の語句を説明してから，発展的な内容として「**パンの価格が200円の場合，どうなるか**」と「**新しい設備を導入して生産力が増すと価格はどうなるか**」の２点について，グラフから予測させる。小グループで話合いの後に発表し，市場メカニズムの機能を理解させる。

ワークシートの解答例

❶ (1)（例）皆がほしいけれど，枚数が少ないので，確実に手に入れるために高いお金を払っても良い人が出てくるから。　など　　【補足】希少性に着目させる。

　(2)（例）価格が下がって，輸送費などを考えると利益が出なくなるかもしれないから。　など
　　【補足】産地廃棄の品目には制限があることや，一部だが補償があることを説明する。

❷ (1)（例）100円。パンの売れ残りがないのでパン屋さんが満足し，客も品不足がないので満足できるから。　など

　(2)（例）売れ残りが多いので供給量を減らすか，価格を下げる。　など

　(3)（例）今までより安く大量に生産できるので供給曲線が右に動き，均衡価格が下がる。　など

単元を貫く学習課題 ▶ なぜ世界に市場経済の仕組みが広まったのか

市場のはたらき

今日の目標 ▶ 価格が決まる仕組みについて理解しよう

❶ 価格の不思議について考えよう。

(1)なぜカードゲームのレアカードは高額で転売されるのか考えよう。

（空欄）

(2)なぜ農家は産地廃棄をするのか，価格の変化に注目して考えよう。

（空欄）

❷ 需要と供給によって価格が決まる仕組みについて考えよう。

(1)下は，あるパン屋さんの需要と供給を模式的に表したグラフである。コッペパンの価格が
50円，100円，200円の中で，生産者と消費者のどちらもより満足できるのは何円か。理由
も含めて説明しよう。

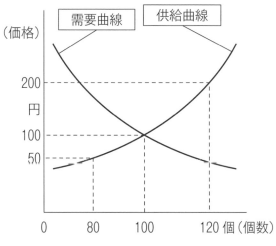

(2)コッペパンの価格が200円の場合，いずれはどうなるか予測しよう。

(3)パン屋さんの生産力が増すと価格はどうなるか予測しよう。

11 生産のしくみと企業・金融

▶単元構想

単元の目標

○市場経済の働きと経済に関する様々な資料を収集し，有用な情報を適切に読み取ったり図表にまとめたりしながら，現代の生産や金融などの仕組みや働きについて理解する。

○個人や企業の経済活動における役割と責任について，対立と合意，効率と公正，分業と交換，選択，配分，多様性などの視点に着目して，多面的・多角的に考察し，表現する。

○個人や企業の経済活動における役割と責任を自覚し，生産や金融における課題や起業する上での課題を主体的に見出し，その課題を解決しようとする態度を養う。

◀ 単元を貫く学習課題 ▶

中学生社長になって活躍するにはどのような工夫が必要か

各時間の目標

1	企業の種類と役割の違いを理解しよう
2	起業に挑戦して会社への関心を高めよう
3	金融の役割を様々な立場から考えて表現しよう
4	株式市場の仕組みを資料から読み取って理解しよう
5	企業の社会的責任について関心を高めよう

評価規準

知識・技能	思考・判断・表現	主体的に学習に取り組む態度
ア 企業の種類や規模の違いと企業が果たす役割について理解している。 イ 直接金融の仕組みについて，間接金融と比較しながら理解している。	ア 金融における企業・金融機関・家計の役割について多面的・多角的に考えている。	ア 起業のシミュレーションを通して企業を経営したり支えたりすることへの関心を高めている。 イ 企業の公正な経済活動や社会貢献活動における課題を見出し，解決への方策へ関心を高めている。

▶単元の指導計画

時	ねらい	学習活動	○教師の指導 ■評価

中学生社長になって活躍するにはどのような工夫が必要か

時	ねらい	学習活動	○教師の指導 ■評価
1	【生産と企業】 企業の種類や規模の違いと企業が果たす役割について理解する。	**企業の種類と役割の違いを理解しよう** ・企業に当てはまるものを選択し, 企業の定義や公企業と私企業の違いを調べる。 ・企業が生産活動をする上で必要なものや, 消費者に選択されるためにすべき工夫について考える。 ・単元を貫く学習課題に対する現時点での予想を記入する。	○導入では生産業や小売業, 金融機関, 学校, プロ野球チームなどから, 企業だと思うものを選ばせて企業に対する関心を高めさせる。 ■知ア
2	【企業の仕組み】 起業のシミュレーションを通して企業を経営したり支えたりすることへの関心を高める。	**起業に挑戦して会社への関心を高めよう（→ p.86）** ・大企業と中小企業の違いについて調べる。 ・株式会社の特色について調べる。 ・起業シミュレーションとして, 企業の定款の一部（商号・目的）と事業計画を作成する。	○起業シミュレーションでは, 実際の著名な企業の定款をいくつか提示して参考にさせる。 ■態ア
3	【金融と銀行の仕組み】 金融における企業・金融機関・家計の役割について多面的・多角的に考える。	**金融の役割を様々な立場から考えて表現しよう（→ p.88）** ・前時で作成した企業の一覧の中から, 融資する企業を判断し, 理由を考える。 ・金融機関が利益を得る方法を考える。 ・金融のメリットについて, 借り手・預金者・金融機関の3つの立場から考える。 ・金融の意義についてまとめる。	○金融のメリットについて考える際には, Yチャートを活用しながら多角的に思考できるようにする。 ■思ア
4	【株式市場】 直接金融の仕組みについて, 間接金融と比較しながら理解する。	**株式市場の仕組みを資料から読み取って理解しよう** ・株価の変動について, 新聞の株価とインターネットの株価のグラフを使って内容を読み取る。 ・フィンテックなど革新的な金融サービスについて調べて理解する。	○金融教育の観点から, 投資によって企業の経済活動が活性化される意義に気付かせる。 ■知イ
5	【単元のまとめ】 企業の公正な経済活動や社会貢献活動における課題を見出し, 解決への方策へ関心を高める。	**企業の社会的責任について関心を高めよう** ・関心のある企業のCSRの活動例をインターネットで調べ, 多くの企業が社会貢献活動を行っていることを理解する。 ・単元を貫く学習課題への考えをまとめる。	○第2時で考えた企業でどのようなCSRを行いたいか考えさせる。 ■態イ

第2時 本時の目標
起業に挑戦して会社への関心を高めよう

1 導入　私企業の種類の違いについて調べる

　前時の復習として公企業と私企業の違いを確認した上で「**私企業の中でも大企業と中小企業は何が異なるのか**」と問う。次に「**私企業の中での株式会社とはどのような企業か**」と問い、私企業の中での違いを理解させる（ワークシートの **❶**）。

2 展開　起業シミュレーションで定款と事業計画をつくる

　会社の設立に年齢制限はなく、資本金１円からでも起業できることを伝えた上で「**自分で起業するとしたら、どのような企業をつくりたいか**」と問い、起業シミュレーションとして定款の一部を作成させる（ワークシートの **❷**）。参考資料として、企業の公式ホームページなどで公開されている定款をいくつか紹介する。次に「**あなたの企業ではどのような事業を計画しているか**」と発問し、事業計画を考えさせる。（ワークシートの **❸**）。

見方・考え方を働かせるポイント ▶▶▶
　起業シミュレーションで「注目されていないが支持を得る可能性がある内容」という条件を課すことで、希少性や多様性の視点から見方・考え方を働かせる。

3 まとめ　考えた企業の案を発表する

　考えた企業の案を小グループや全体で発表する。発表の際に時間がある場合は、PMIシートを用いて相互に評価すると良い。また、本時の指導計画上の扱いを２時間として、定款の他の部分も考えさせ、企業の案を地域の商工会議所や行政書士に提案する方法も考えられる。

ワークシートの解答例

❶ ① （例）資本金や従業員数　など　　　②資金

❷ （生徒が考えた企業の中で、他の生徒からの評価が高かった企業の例）

（商号）当会社は丸川出版株式会社、英文では MARUKAWA PUBLISHING HOUSE Co., Ltd.
　　　　と表示する。　など

（目的）１．漫画・小説の出版　２．漫画・小説の販売　３．漫画家・小説家養成講座の実施

❸ （１年間で必要な資金）8000万円

（事業計画）・中学生向けに限った漫画と小説の出版をする。

　　　　　　・電子書籍としてインターネットでの漫画・小説の販売をする。

　　　　　　・社内の編集者や人気作家・漫画家による中学生限定の漫画家・小説家の養成講座を
　　　　　　　オンラインサロンとして行う。　など

単元を貫く学習課題 ▶ 中学生社長になって活躍するにはどのような工夫が必要か

企業の仕組み

今日の目標 ▶ 起業に挑戦して会社への関心を高めよう

❶ 私企業の種類の違いについて調べよう。

・大企業と中小企業は（① 　　　　　　　　　　　　　　　　　　）が違う。

・株式会社とは株式を発行して（② 　　　　　　　）を調達する企業のこと。

❷ 【起業シミュレーション】定款をつくろう。　※定款…起業の「憲法」。

第1条（商号）
第2条（目的）　当会社は，次の事業を営むことを目的とする。

❸ 定款にしたがって事業を進めるために事業計画を立てよう。

　…事業に必要な資金は，1年間で（ 　　　　　　　　　　　　）円

（事業計画）…事業内容を具体的に記入する。

第3時 本時の目標

金融の役割を様々な立場から考えて表現しよう

1 導入　融資のシミュレーションを行う

　前時で生徒各自が考案した企業を対象に「1社にだけお金を貸すことができるとしたら，どの企業を選ぶか」と問い，判断させて理由も答えさせる（ワークシートの❶）。判断基準として，事業内容の好き嫌いではなく，希少性などの視点から事業の将来性を考えて選ぶように促す。

2 展開　金融機関の役割について考える

　導入での融資のシミュレーションの後に金融機関の種類を確認し，「お金を貸すだけなら，預金者に利息を支払うので金融機関は損をしてしまう。金融機関はどのように利益を得ているのか」と問う（ワークシートの❷）。利率の差があることを実際の金融機関を例に確認する。

　続けて「金融が行われることには，どのような利点があるのか。金融に関わる3つの立場から考えよう」と発問し，Yチャートを使って企業・預金者・金融機関それぞれのメリットについて考えさせる（ワークシートの❸）。立場を示すことで，多角的な考察を促す。

見方・考え方を働かせるポイント ▶▶▶

　選択と配分の視点から，融資したい企業を考えたり，金融によって経済が活性化したりすることについて多面的・多角的に考えることで，見方・考え方を働かせる。

3 まとめ　金融の役割についてまとめる

　Yチャートに記入した内容を小グループで交流する。その上で「経済活動における金融の役割とは何か」と問い，ワークシートの最下段に考えを記入し，全体でも意見を発表させる。そのまとめの後で，導入の融資シミュレーションは銀行の立場の活動であり，預金者の立場では融資する企業を選べないという課題に気付かせる。次時の直接金融の学習につなげる。

┌─ ワークシートの解答例 ─

❶ （理由の例）新しい発想で，多くの人の需要を掘り起こす事業内容だから。 など

❷ （例）預金者などからお金を集め，より高い利率で，借り手に資金を貸す。 など

❸ （企業の例）融資を受けることで事業計画を実行したり，拡大したりできる。 など

　（預金者の例）預金に対して利子が得られる。自分のお金が他の必要な人のために使われ，家の「タンス預金」のように保管するより役立つ。 など

　（銀行の例）貸し付けによって利益が得られる。貸した企業が預金をしてくれる。 など

　（金融の役割の例）金融によってお金が効率よく配分され，関わる人のすべてに利益が生じるので，多くの人が満足できる。 など

単元を貫く学習課題 ▶ 中学生社長になって活躍するにはどのような工夫が必要か

金融と銀行の仕組み

今日の目標 ▶ 金融の役割を様々な立場から考えて表現しよう

❶ みんなのつくった企業に融資をしよう。

1社にだけお金を貸すことができるとしたら，どの企業を選ぶか。

選んだ企業	理由

❷ 銀行などの金融機関は，どのように利益を得ているのか。

❸ 借り手（今回は企業）・預金者・金融機関（今回は銀行）にとって，金融が行われることの利点を，それぞれの立場から考えて表現しよう。

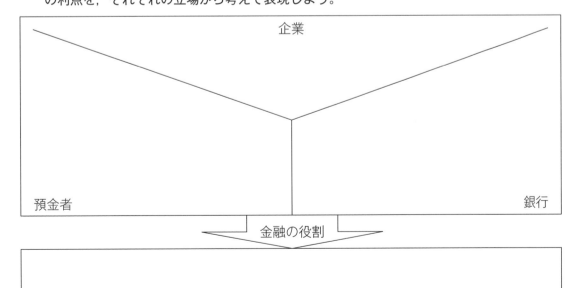

12 働く意義と労働条件の改善

▶単元構想

単元の目標

○国民の生活と労働に関する様々な資料を収集し，有用な情報を適切に読み取ったり図表にまとめたりしながら，勤労の権利と義務，労働組合の意義及び労働基準法などについて理解する。

○社会生活における職業の意義と役割及び雇用と労働条件の改善について，現代社会の特色を踏まえながら，対立と合意，効率と公正，分業と交換，持続可能性などの視点に着目して，多面的・多角的に考察し，表現する。

○職業の意義と役割及び労働条件の改善に関する課題を主体的に見出し，個性を生かしながら社会と結び付き，労働を通して社会に貢献し，社会生活を支えようとする態度を養い，適切な勤労観，職業観の基礎を培う。

単元を貫く学習課題
50年後まで働くために大切なことは何か

各時間の目標

1	労働に関する課題を資料から読み取ろう
2	労働に関する権利が保障されている理由について考えよう
3	働く環境の変化への関心を高めよう
4	将来の働き方について考えよう

評価規準

知識・技能	思考・判断・表現	主体的に学習に取り組む態度
ア　産業構造の変化や就業形態の変化によって生じる諸問題の中から，資料を活用して解決すべき課題を読み取っている。	ア　労働に関する権利が保障されている意義について考えている。 イ　社会の変化の中での労働の望ましいあり方について考えている。	ア　仕事と生活の調和に着目しながら，労働に関する課題や解決への工夫についての関心を高めている。

▶単元の指導計画

時	ねらい	学習活動	○教師の指導 ■評価

		50年後まで働くために大切なことは何か	
1	**【経済活動を支える労働】** 産業構造の変化や就業形態の変化によって生じる諸問題の中から，資料を活用して解決すべき課題を読み取る。	労働に関する課題を資料から読み取ろう ・理想的な仕事や働く理由など職業に関するアンケート結果から，働くことに対する国民や生徒の意識の特色をとらえる。 ・過労死やブラック企業に関する新聞記事を取り上げ，何が問題かを考えさせる。 ・単元を貫く学習課題に対する現時点での予想を記入させる。	○内閣府世論調査の職業に関するアンケート結果と，同じ内容の勤務校の生徒対象のアンケート結果を用意して比較させる。 ■知ア
2	**【働く場の確保と働く人の権利】** 労働に関する権利が保障されている意義について考える。	労働に関する権利が保障されている理由について考えよう ・前時の復習から，ブラック企業の問題点を確認する。 ・労働三法の名称と内容を調べ，制定されている意義について考える。 ・失業者や非正規雇用の課題について確認し，次時の学習へつなげる。	○他の先進国の失業率や勤務時間，労働法制と比較させ，日本の特色を読み取らせる。 ■思ア
3	**【これからの働き方】** 仕事と生活の調和に着目しながら，労働に関する課題や解決への工夫についての関心を高める。	働く環境の変化への関心を高めよう（→ p.92） ・働き方改革関連法案などの新しい労働保護法案を紹介する。 ・ワーキング・プアの問題の原因を考える。 ・ワーク・シェアリングや時短勤務，SOHO などの新しい働き方の内容を調べながら，それぞれの特色を関連付けて，働く環境はどのように変化しているのか考える。	○新しい働き方の特色とそう考える根拠を見つける際に，クラゲチャートを活用させる。 ■態ア
4	**【単元のまとめ】** 社会の変化の中での労働の望ましいあり方について考える。	将来の働き方について考えよう ・自分自身について，10年後に望む働く姿と50年後に望む働く姿を考え，理由も含めてワークシートに表現する。 ・各自で考えた将来の働く姿を交流する。教室内を自由に動きながら，良いと思う点を付せんに記入してワークシートに貼り付ける。 ・単元を貫く学習課題への考えをまとめる。	○職場体験学習などの経験を振り返らせ，キャリア教育の視点から，自己実現のために必要な働く姿を意識させる。 ■思イ

本時の目標

働く環境の変化への関心を高めよう

1 導入　働き方改革関連法案などの新しい労働保護法案を理解する

　新聞記事などを基に働き方改革関連法案を紹介して，制定された理由を考えさせる（ワークシートの **❶**）。前時で学習した長時間労働の問題などとの関連に気付かせる。次にワーキング・プアとされる人の数をクイズで紹介し，その理由を考えさせる（ワークシートの **❷**）。

2 展開　現在の働く環境の変化を根拠に今後の変化を予測する

　「**働く時間を短くすることと十分な賃金を得ることは両立できるのか**」と問い，生徒に予想を立てさせる。その上で，時短勤務や在宅ワークなどの SOHO，コワーキングスペース，企業設置保育所，能力給，フレックスタイム制などの新しい働き方の語句を提示して内容を調べさせる。その上で「**これからの働き方はどのように変化が進むか**」と問う。クラゲチャートの頭の部分に考える変化の姿を書き，足の部分に根拠を記入させる（ワークシートの **❸**）。

見方・考え方を働かせるポイント ▶▶▶

　社会の変化に対応した労働のあり方について，仕事と生活の調和や時間と賃金のバランスを図るために，対立と合意，効率と公正の視点から考えることで見方・考え方を働かせる。

3 まとめ　将来の職業観について意見を交流する

　小グループでクラゲチャートの内容を基に意見を交換し，発表用ホワイトボードなどに各自の主張を記入して発表する。全体では，主張の内容に着目して分類を行い，次時での単元を貫く学習課題に対する考えをまとめやすくする。

　　ワークシートの解答例

❶　（例）ブラック企業や過労死など，労働基準法を守らない問題が起き，労働基準法だけでは労働者の権利を守るのが難しくなっているから。労働組合の加入率が減少しているから。　など

❷　（例）核家族や単独世帯や非正規雇用が増加し，生活が苦しい人が増えているから。　など

❸　（変化の姿の例）時間よりも仕事の内容を重視し，生活と仕事のどちらも大切にするような働き方へ変化する。　など　【補足】発表後にワーク・ライフ・バランスの考えについて紹介する。

　　（根拠の例）①働き方改革の結果，長時間労働が減るから。

　　　　　　　　②ICT を活用した自宅などでの仕事が増えるから。

　　　　　　　　③共働きや育児しながら働く人が増えるから。

　　　　　　　　④ワーク・シェアリングが広まるから。

　　　　　　　　⑤年功序列型賃金から能力給への転換が進むから。　など　【補足】①～⑤は順不同

単元を貫く学習課題 ▶ 50年後まで働くために大切なことは何か

これからの働き方

今日の目標 ▶ 働く環境の変化への関心を高めよう

❶ なぜ働き方に関する新しい法律がつくられたのか。背景を考えよう。

❷ なぜワーキング・プアの人がこれほど多いのだろうか。原因を考えよう。

❸ これからの働き方は，どのように変化が進むか。理由を含めて考えよう。

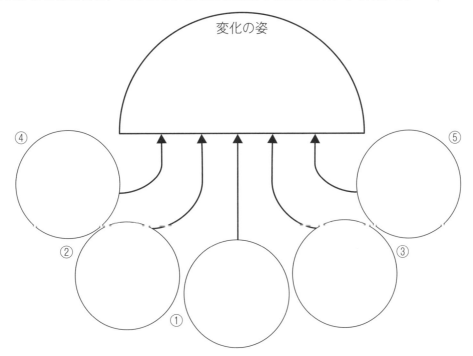

変化の姿

④ ② ① ③ ⑤

13 国民の生活と福祉の向上

▶単元構想

単元の目標

○国民の生活と福祉の向上に関する様々な資料を収集し，有用な情報を適切に読み取ったり図表にまとめたりしながら，社会資本の整備，公害の防止など環境の保全，少子高齢社会における社会保障の充実・安定化，消費者の保護について理解する。

○国民の生活と福祉の向上について現代社会の特色を踏まえながら，対立と合意，効率と公正，分業と交換，持続可能性などの視点に着目して，多面的・多角的に考察し，表現する。

○市場の働きに委ねることが難しい諸問題に関して，国や地方公共団体が果たす役割に関心を高め，消費者としての権利と責任を自覚し，主体的に社会に関わろうとする態度を養う。

◁単元を貫く学習課題▷

市場の働きで解決が難しい経済の問題をどのように解決すれば良いか

各時間の目標

1	市場の働きで解決が難しい問題をつかみ，解決への関心を高めよう
2	経済活動と環境の保全の両立について考えよう
3	社会保障の仕組みを理解しよう
4	消費者の権利について分類しながら考えよう
5	福祉社会を実現することへの関心を高めよう

評価規準

知識・技能	思考・判断・表現	主体的に学習に取り組む態度
ア 受益と負担の均衡した持続可能な社会保障制度の方向性について理解している。	ア 持続可能性の視点から，環境の改善を図るために必要な方法について考えている。 イ 消費者の権利と責務について多面的・多角的に考えている。	ア 市場経済の問題を把握し，課題の解決に向けた関心を高めている。 イ 福祉の向上のために経済の三主体が果たすべき役割や福祉の意義について関心を高めている。

▶単元の指導計画

時	ねらい	学習活動	○教師の指導　■評価

市場の働きで解決が難しい経済の問題をどのように解決すれば良いか

1	**【社会資本の整備】** 市場経済の問題を把握し、課題の解決に向けた関心を高める。	市場の働きで解決が難しい問題をつかみ、解決への関心を高めよう ・キャンディチャートを使って「もし道路の維持を民間企業が担うと」「もし病院でかかるお金の全額を患者が負担したら」など、市場の働きに委ねることが難しい問題の存在をつかむ。 ・単元を貫く学習課題に対する現時点での予想を記入する。	○行政の学習や地方自治の学習を振り返り、経済における公共財の提供の意義に気付かせる。 ■態ア
2	**【環境の保全】** 持続可能性の視点から、環境の改善を図るために必要な方法について考える。	経済活動と環境の保全の両立について考えよう ・四大公害病を復習し、環境保護のための法案や汚染者負担の原則について調べる。 ・環境の保全のために経済活動を停止することの問題に気付かせ、国内の開発の例を基に持続可能な開発について考える。	○地理的分野や歴史的分野での公害や地球環境問題に関する学習と関連付ける。 ■思ア
3	**【社会保障】** 受益と負担の均衡した持続可能な社会保障制度の方向性について理解する。	社会保障の仕組みを理解しよう ・社会保障の4つの内容について調べる。 ・人口予測などのグラフを基に、少子高齢化が進む中での社会保障制度の課題について考える。 ・アメリカを例に、貯蓄や民間の保険の役割と課題について調べる。	○社会保障制度の問題点を把握させ、財政の単元で学ぶ政府の歳出の課題解決への見通しをもたせやすくする。 ■知ア
4	**【消費者の権利と責任】** 消費者の権利と責務について多面的・多角的に考える。	消費者の権利について分類しながら考えよう（→ p.96） ・後悔した消費の例について振り返る。 ・家庭科での学習事項を生かしながら、消費者の4つの権利に沿った形で消費者を守る制度と責任について考える。	○座標軸を使いながら消費者の4つの権利について考えさせる。 ■思イ
5	**【単元のまとめ】** 福祉の向上のために経済の三主体が果たすべき役割や福祉の意義について関心を高める。	福祉社会を実現することへの関心を高めよう ・社会資本の整備、環境保全、社会保障、消費者保護の4点について、生活や福祉の向上に関わって共通する内容を考える。 ・単元を貫く学習課題への考えをまとめ、提言をする。	○地方公共団体の担当部署に対して「○○中生の考える福祉」などの題で実際に提言する。 ■態イ

第4時 消費者の権利について分類しながら考えよう

1 導入　消費の経験から消費者の権利への関心を高める

「財やサービスを購入して後悔した経験はないか」と問い，口頭で答えさせて，契約時における情報の重要性を確認する。続けて，家庭科の学習を振り返って「どのような**悪質商法があ るか**」と問う（ワークシートの❶）。学習していない場合は，新聞記事などから読み取らせる。

2 展開　消費者の権利を保障する仕組みについて考える

「消費者として満足できる選択をするために，どのような権利が保障されているか」と問い，消費者の4つの権利を説明した上で，PL法などがどの権利と深く関わるか考えさせる（ワークシートの❷(1)）。その際，座標軸に語句を配置させることで，権利を保障するための仕組みを多面的に理解できるようにする。本来の座標軸のように対立的な項目があるわけではないが，権利の内容の違いに着目させる効果がある。続けて「**消費者の4つの権利を保障するために，他に大切なことは何か**」と問い，考えを座標軸に追記させる（ワークシートの❷(2)）。座標軸の内容を小グループで確認し，他の生徒の意見を異なる色のペンで書き加えさせる。

見方・考え方を働かせるポイント ▶▶▶

選択や権利と責任における視点から，消費者主権について考えさせるように工夫する。

3 まとめ　消費者の責任について考える

「今日学習した権利を生かすために，消費者としてどのような責任が求められるか」と問い，権利を行使する上での責任について自分事として考えさせる（ワークシートの❸）。

ワークシートの解答例

❶ （例）マルチ商法，キャッチセールス，
　　点検商法，資格商法，SF商法，
　　ネガティブオプション　など

❷ （例は右の図）
　　【補足】座標軸ではなく，自分なりの構造図を
　　　　　　使いたい生徒がいる場合は，ノートな
　　　　　　どに自分で書かせるようにする。

❸ （例）自分の欲求に流されて即断せずに，消費
　　　　者の4つの権利の視点を生かして財やサー
　　　　ビスの質を見極める。　など

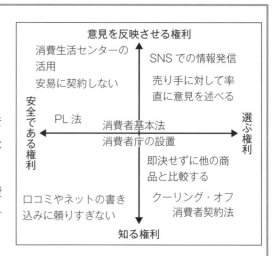

96

単元を貫く学習課題 ▶ 市場の働きで解決が難しい経済の課題をどのように解決すれば良いか

消費者の権利と責任

今日の目標 ▶ 消費者の権利について分類しながら考えよう

❶ どのような悪質商法があるか，思いつく限り書こう。

❷ 消費者にはどのような権利が保障されているか，分類しよう。

(1)下の語句がどの権利と深く関わるか考え，座標軸に位置付けよう。

> PL 法
> クーリング・オフ
> 消費者契約法
> 消費者庁の設置
> 消費者基本法

(2)(1)以外で権利を保障するために大切なことを考えて座標軸に書き入れよう。

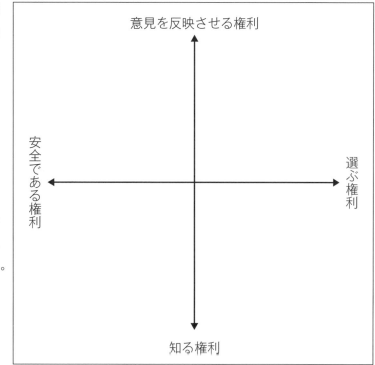

意見を反映させる権利

安全である権利

選ぶ権利

知る権利

❸ 今日学習した消費者の権利を生かすために，消費者としてどのような責任が求められるか考えよう。

私たちと経済

財政と政府の役割

▶単元構想

単元の目標

○国民の生活と経済における政府の役割に関する様々な資料を収集し，有用な情報を適切に読み取ったり図表にまとめたりしながら，財政及び租税の意義，国民の納税の義務について理解する。

○財政及び租税の役割について現代社会の特色を踏まえながら，対立と合意，効率と公正，希少性，選択，配分，持続可能性などの視点に着目して，多面的・多角的に考察し，表現する。

○財政や租税の使いみちにおける政府や国民の役割と責任を自覚し，財政や租税における課題を主体的に見出し，その課題の解決を視野に主体的に社会に関わろうとする態度を養う。

◀ 単元を貫く学習課題 ▶

今後，国はどのような分野に財源を多く配分すべきか

各時間の目標

1	経済活動における政府の役割について関心を高めよう
2	税の種類について理解しよう
3	国の歳入と歳出への関心を高めて課題を見出そう
4	経済状況に応じた適切な政策について判断しよう
5	今後の国の財政の方向性について考えよう

評価規準

知識・技能	思考・判断・表現	主体的に学習に取り組む態度
ア　租税の種類が多様である理由について，租税の役割から理解している。	ア　市場の働きに対する政府の適切な役割について判断して表現している。 イ　持続可能な社会の形成のために必要な財政の方向性について考えている。	ア　政府が有限な財源を公共のために配分することへの関心を高めている。 イ　統計資料を活用しながら，財政における課題を見出し，解決への方策へ関心を高めている。

▶単元の指導計画

時	ねらい	学習活動	○教師の指導　■評価

今後，国はどのような分野に財源を多く配分すべきか

時	ねらい	学習活動	○教師の指導　■評価
1 【政府の経済活動】 政府が有限な財源を公共のために配分することへの関心を高める。	経済活動における政府の役割について関心を高めよう ・政府が行う社会資本や公共サービスにかかるお金について，クイズ形式で考える。 ・財政の3つの役割について調べる。 ・単元を貫く学習課題に対する現時点での予想を記入する。	○行政の学習を振り返って，行政には様々な役割があることに気付かせる。 ■態ア
2 【税金の種類と特徴】 租税の種類が多様である理由について，租税の役割から理解する。	税の種類について理解しよう（→ p.100） ・自動車に関わる税を調べる。 ・国税と地方税の違いを理解する。 ・直接税と間接税について表（T型マトリクス）で比較する。 ・税の特色の比較を基に，望ましい税のあり方について構想する。	○租税教育の観点から「税をとられる」という意識を「必要だから税を納める」へと変わるきっかけとする。 ■知ア
3 【政府の収入と支出】 統計資料を活用しながら，財政における課題を見出し，解決への方策へ関心を高める。	国の歳入と歳出への関心を高めて課題を見出そう（→ p.102） ・政府の歳入のグラフと国債残高のグラフから，財政上の課題を見つける。 ・政府の歳出のグラフから維持すべき点と課題を見つけ，その改善のために取るべき方策について構想する。	○現在の歳出の課題について考える際には，KPT法を用いて改善策を考えさせる。 ■態イ
4 【経済成長と経済政策】 市場の働きに対する政府の適切な役割について判断して表現する。	経済状況に応じた適切な政策について判断しよう ・好況と不況のそれぞれの原因や景気循環について調べて仕組みを理解する。 ・金融政策と財政政策の内容を調べ，好況・不況の時に取るべき対策を判断して表現する。	○好況と不況のそれぞれの場合に分けて，行うべき政策について生徒に考えさせる。 ■思ア
5 【単元のまとめ】 持続可能な社会の形成のために必要な財政の方向性について考える。	今後の国の財政の方向性について考えよう ・少子高齢化やグローバル化が進む中で，持続可能性や効率と公正の視点から，財源の配分の方向性について考え，「もし～なら，…すべき」という形式で考えを表現する。 ・単元を貫く学習課題への考えをまとめる。	○思考ツールのキャンディチャートで将来の変化を想定し，単元のまとめの文章での表現に活用させる。 ■思イ

本時の目標

税の種類について理解しよう

1 導入　自動車に関わる税を調べて税への関心を高める

「**自動車に関わる税にはどのようなものがあるか**」と問い，日本の税の一覧をまとめたウェブサイトなどを利用して調べさせる（ワークシートの ❶）。自動車という身近な例を取り上げ，多種多様な税があることを実感させると同時に，なぜ様々な税があるのか疑問をもたせる。

2 展開　国税と地方税，直接税と間接税を比較する

　自動車に関わる税を国税と地方税に分類し，それぞれの違いを補足説明する。（ワークシートの ❷）。さらに，地方税に注目させ，過疎化による人口の減少が地方の財政難を招いていることに気付かせる（ワークシートの ❸）。続けて，税には直接税と間接税の区分があることを説明し，「**直接税と間接税には納税者にとってどのようにメリットとデメリットの違いがあるのか**」と問い，表（Ｔ型マトリクス）を使って比較させる（ワークシートの ❹）

見方・考え方を働かせるポイント ▶▶▶

　展開では直接税と間接税について効率と公正の視点から比較し，まとめでは将来の税制の方向性について持続可能性の視点から構想を練ることで，見方・考え方を働かせる。

3 まとめ　望ましい税のあり方について構想する

　国税と地方税の特色や直接税と間接税の比較を踏まえて，「**少子高齢化やグローバル化の中で，日本の税の仕組みはどうあるべきか**」と問い，将来の税制について考えさせる（ワークシートの ❺）。この活動を通して，単元を貫く学習課題の解決に向けた構想を練ることができる。

ワークシートの解答例

❶ （以下国税）消費税，自動車重量税，揮発油税，石油ガス税。

　（以下都道府県税）自動車税，自動車取得税，軽油取引税。

　（以下市町村税）軽自動車税

❷ （上の分類を参照）

❸ （例）人口（生産年齢人口）の減少によって納税者の数や納税額が減少しているから。　など

❹ （直接税のメリットの例）様々な控除ができ，所得の再分配につながる。　など

　（直接税のデメリットの例）所得税は高収入で高税率になる。不公平感が生じやすい。　など

　（間接税のメリットの例）脱税などの問題が起こりにくい。同じ税率で公平感がある。　など

　（間接税のデメリットの例）逆進性があるため，低所得者にとっては公正さに欠ける。　など

❺ （例）収入の少ない高齢者への配慮。外国の制度との比較や多国籍企業への課税の工夫。　など

単元を貫く学習課題 ▶ 今後，国はどのような分野に財源を多く配分すべきか

税金の種類と特徴

今日の目標 ▶ 税の種類について理解しよう

❶ 自動車に関わる税にはどのようなものがあるか調べよう。

❷ 上の ❶ の税の内，国税を赤で，地方税を青で囲もう。

❸ 過疎地で税収が悪化する理由を，税の種類に注目して考えよう。

❹ 直接税と間接税のメリットとデメリットを比較しよう。

直接税	税の種類	間接税
	メリット	
	デメリット	

❺ 少子高齢化やグローバル化の中で，日本の税の仕組みはどうあるべきか考えよう。

第3時 本時の目標
国の歳入と歳出への関心を高めて課題を見出そう

1 導入 国債残高と歳入のグラフから課題を読み取る

「政府や地方公共団体の借金はどのくらいあるか」と問い，国と地方公共団体の長期債務残高を予想して口頭で答えさせる。1つの答えとして「借金時計」のウェブサイト（複数あるが，数値の根拠があるサイトを選ぶ）を提示し，教科書などの国債発行残高の推移のグラフを紹介する。ただし，国債を引き受けているのは国内の金融機関であることにも触れる。その上で**「国の歳入の内容を見ると，どのような課題があるか」**と問い，教科書か財務省のホームページから国の歳入の帯グラフを取り上げて，債務の問題に気付かせる（ワークシートの❶）。

2 展開 政府の歳出を評価して改善策を構想する

次に教科書などの国の歳出の帯グラフを提示して**「政府の歳出にはどのような課題があるか」**と問う。発表させて全体で課題を確認してから**「歳出の課題を解決するためにどのような方法があるか」**と問い，KPT 法の Try（改善策）の欄に記入させる（ワークシートの❷）。なお，構想の際に，地理的分野の防災の学習で扱った自助・共助・公助の考えを活用させると良い。

見方・考え方を働かせるポイント ▸▸▸

有限な財源という希少性に着目させながら，将来の世代に債務を押し付けないようにする持続可能性の視点から，歳出の配分について構想させることで見方・考え方を働かせる。

3 まとめ 財源の配分に関する課題と解決への方向性を共有する

ワークシートの KPT 法の内容を基に小グループで話し合い，発表用ホワイトボードなどに歳出の課題と改善策をまとめ，全体へ向けて発表させる。それによって，単元を貫く学習課題に対する最終的な考えをまとめる際の要点を生徒全員が共有できるようにする。

┌─ ワークシートの解答例 ─

❶ （例）公債金の割合が3割を超えている。税の割合が6割ほどに留まっている。 など

❷ （Kの例）地方の財政難の解決のために地方交付税交付金を多く支出している。

　　　　　防衛費より文教及び科学振興費の割合が高い。 など

（Pの例）社会保障費の割合が高く，少子高齢化でさらに増える可能性が高い。

　　　　　歳入の公債金に比べて歳出の国債費が少なく，債務残高が増す。 など

（Tの例）少子高齢化が進む中で社会保障費はさらに増大する可能性があるので，自助や共助を取り入れた協働を広めることで，社会保障費を中心に歳出を減らすべきである。

　　　　　歳出の国債費が歳入の公債金を上回るように，歳出を全体的に減らす。 など

単元を貫く学習課題 ▶ 今後，国はどのような分野に財源を多く配分すべきか

政府の収入と支出

今日の目標 ▶ 国の歳入と歳出への関心を高めて課題を見出そう

❶ 国の歳入の内容を見ると，どのような課題があるか考えよう。

❷ 政府の歳出に関する問題をつかんで解決策について考えよう。

(1)政府の歳出に関する課題を「Keep」と「Problem」の欄に記入しよう。

(2)歳出の課題を解決するための方法を「Try」の欄に記入しよう。

Keep（続けるべきこと）	Try（課題を解決するための方法）
Problem（課題だと考えること）	

私たちと経済

15 これからの日本経済の課題

▶単元構想

<table>
<tr><td rowspan="1">単元の目標</td><td>

○現代日本の経済における課題を通して，市場経済の基本的な考え方，現代の生産や金融などの仕組みや働きについて理解を深める。

○現代日本の特色の理解に基づき，個人，企業及び国や地方公共団体の経済活動における課題について，対立と合意，効率と公正，分業と交換，希少性，持続可能性などの視点に着目して多面的・多角的に考察し，課題の解決に向けて構想し，表現する。

○現代の社会に見られる経済に関する課題の解決に向けて，主体的に課題を追究する姿勢を養うとともに，意欲的に社会に関わろうとする態度を養う。
</td></tr>
</table>

単元を貫く学習課題

現在の日本は，20世紀と比べて経済上の課題が増えているか

各時間の目標

1	21世紀の経済の課題をつかんで関心を高めよう
2	日本のものづくりの特徴を資料から読み取ろう
3	経済へのグローバル化の影響について考えよう
4	貿易のもつ利点を理解しよう
5	経済的な豊かさのあり方について考えよう

評価規準

知識・技能	思考・判断・表現	主体的に学習に取り組む態度
ア　各産業における日本の技術の特徴と変化について資料から読み取っている。 イ　分業と交換の視点から，貿易の利点について理解している。	ア　経済のグローバル化が地域経済や社会，労働などに与える影響について多面的・多角的に考えている。 イ　これからの日本経済にとって重要な考え方や経済のあり方について考えている。	ア　現代社会の変化によって生じている経済上の問題を把握し，課題の解決に向けて関心を高めている。

▶単元の指導計画

時	ねらい	学習活動	○教師の指導　■評価

現在の日本は，20世紀と比べて経済上の課題が増えているか

時	ねらい	学習活動	○教師の指導　■評価
1 【現代の経済の課題】	現代社会の変化によって生じている経済上の問題を把握し，課題の解決に向けて関心を高める。	**21世紀の経済の課題をつかんで関心を高めよう** ・現代社会の特色をグローバル化，情報化，少子高齢化の面から復習し，それぞれの面で生じる経済の課題について考える。 ・単元を貫く学習課題に対する現時点での予想を記入する。	○「私たちが生きる現代社会」の学習を振り返らせることで，経済の課題をつかませる。 ■態ア
2 【ものづくりと地域の力】	各産業における日本の技術の特徴と変化について資料から読み取る。	**日本のものづくりの特徴を資料から読み取ろう** ・「現代につながる伝統と文化」の単元を振り返り，伝統と最新の技術の融合について確認する。 ・食の六次産業化やICTの活用，環境に関する産業などの発展について調べる。	○最先端の技術や新しい発想による産業や地域活性化の例を，写真や動画で提示する。 ■知ア
3 【経済のグローバル化】	経済のグローバル化が地域経済や社会，労働などに与える影響について多面的・多角的に考える。	**経済へのグローバル化の影響について考えよう（→ p.106）** ・世界や日本の多国籍企業を確認する。 ・経済のグローバル化の影響について考える。フィッシュボーン図を使い，国内の企業，労働，政府，消費などの要因の項目を自分で設定して考察する。 ・グローバル化の長所と短所を考える。	○地理的分野のアメリカ州や産業の学習，公民的分野の現代社会の特色の学習を振り返る。 ■思ア
4 【これからの国際貿易と日本】	分業と交換の視点から，貿易の利点について理解する。	**貿易のもつ利点を理解しよう** ・ニュースなどから為替レートを取り上げ，貿易への影響について図を使って説明する。 ・貿易をすべき理由について分業と交換の視点から考える。	○保護貿易の考えを取り上げながら，関税の必要性についても考えさせる。 ■知イ
5 【単元のまとめ】	これからの日本経済にとって重要な考え方や経済のあり方について考える。	**経済的な豊かさのあり方について考えよう** ・経済の学習を基に「経済的な豊かさとはたくさんのお金を手にすることだけか」と問い，それぞれ価値判断をして議論する。 ・経済的な豊かさを一言で言い換えて表現する。 ・単元を貫く学習課題への考えをまとめる。	○利益の追求だけではなく，社会的問題の解決のための経済活動の意義について考えさせる。 ■思イ

第3時 本時の目標

経済へのグローバル化の影響について考えよう

1 導入　多国籍企業について復習する

　地理的分野のアメリカ州の復習として「**多国籍企業はどのような企業か**」と問う。（ワークシートの **❶**）。具体例を挙げさせ，トヨタなどの資産や従業員数の資料を提示する。

2 展開　経済へのグローバル化の影響について多面的・多角的に分析する

　「**グローバル化によって日本経済はどのように変化するか**」と問い，フィッシュボーン図（特性要因図）を活用しながら考えさせる（ワークシートの **❷**）。魚の頭の部分に課題をあらかじめ記入し，中骨の部分に大きな要因，小骨の矢印の部分には細分化した要因を書く。その際，大きな要因については，これまでの経済の学習を基に生徒各自に考えさせる。要因を分けるのに悩む生徒がいる場合は，経済の三主体や国内と海外などに分けて考えるように助言する。

> **見方・考え方を働かせるポイント** ▶▶▶
> グローバル化による利点と欠点について，効率と公正や多様性，選択，分業などの視点から，フィッシュボーン図を使って多面的・多角的に考えることで見方・考え方を働かせる。

3 まとめ　グローバル化の長所と短所をまとめる

　フィッシュボーン図の小骨の内容には長所と短所が混在しているため，それを基に「**グローバル化の長所と短所は何か**」と問う（ワークシートの **❸**）。効率と公正の視点や多様性の視点から，グローバル化の課題に気付かせ，単元を貫く学習課題に対する考えを深めさせる。

ワークシートの解答例

❶ （例）多くの国に拠点をもつ大企業で，生産・販売を世界規模で効率的に行う。　など

❷ ①（例）「国内の企業」海外進出する企業が増える。競争に負ける企業が増える。地域の企業が倒産する。地域経済が衰退する。産業の空洞化が進む。　など

　　②（例）「労働」外国企業で働く人が増える。日本企業の雇用が減る。国外で働くことが増える。外国人労働者が増える。賃金の格差が広がる。　など

　　③（例）「政府」自由貿易の交渉が重要になる。国内の産業の保護が課題になる。国際関係の悪化が経済に影響する。　など

　　④（例）「消費」海外の安い商品が手に入る。世界中の財・サービスが手に入る。画一化され，地域独自の財やサービスが失われる。安全性を確認しづらくなる。　など

❸ （長所の例）経済が効率的に行われ，世界中のよりよいものが安く，たくさん手に入る。　など

　　（短所の例）格差が広がり，かえって多様な財やサービスの選択ができなくなる。　など

現在の日本は，20世紀と比べて経済上の課題が増えているか

経済のグローバル化

今日の目標 ▶ 経済へのグローバル化の影響について考えよう

❶ 【復習】多国籍企業の定義を確認しよう。

❷ 経済へのグローバル化の影響について，自分なりの視点から考えよう。

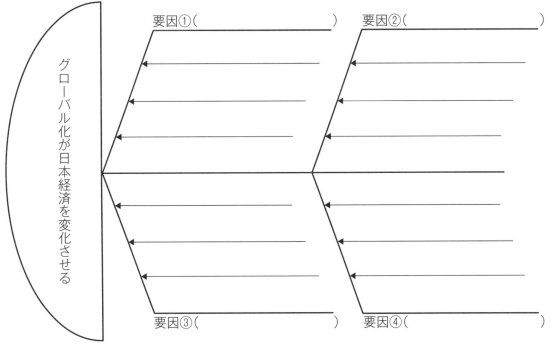

要因①（　　　　　　　　）　要因②（　　　　　　　　）

グローバル化が日本経済を変化させる

要因③（　　　　　　　　）　要因④（　　　　　　　　）

❸ 経済におけるグローバル化の長所と短所をまとめよう。

長所	短所

「私たちと国際社会の諸課題」における アクティブ・ラーニングのポイント

❶ 受験を口実にまとめを省略しない

　「私たちと国際社会の諸課題」は，公民的分野で学習する最後の単元です。特に最後の項目の「よりよい社会を目指して」（『中学校学習指導要領（平成29年告示）』の内容D⑵）は，小中学校9年間の社会科のまとめとなる内容です。しかし，現場では「高校入試に出ない」という理由で1～2時間程度の扱いとし，受験対策に振り替えてしまう例もあります。

　社会科の目標である「公民としての資質・能力」の達成のためには，まとめとなる単元の学習を充実させ，自分で考えた課題を探究し，考察や構想の後に新しい課題を見出すような学びを保障することが大切です。そこで，本書で最後に紹介する「よりよい社会を目指して」については，新学習指導要領のD⑴のア⑷の内容と，D⑵の課題を探究する活動を組み合わせて再構成しています。単元の前半では，地球環境や資源・エネルギー，貧困などの課題の解決のために大切なことを学習します。その学習を参考にして，単元の後半では生徒が課題を設定し，課題の解決に向けて探究をします。このような単元構造にすることで，探究型の学習に不慣れな先生方や生徒でも学習を進めやすくなります。もちろん，他の単元でも探究する活動を行いますが，本単元には中学校生活の集大成として，特に力を入れるべきです。

❷ 探求から探究へ

　学習指導要領では，課題を探究する活動の重要性や方法についての説明があります。「探究」は，同音異義語の「探求」とどのような違いがあるのでしょうか。2つの違いについては，国語辞典や学習指導要領において明確に定義されているものではありません。私の場合は，生徒に対して「探求はどこかに答えがあって，その答えを探し求める活動。探究は明確な答えのないことについて，自分も他の人も納得できるような答えを考える活動」と説明しています。探求は正解を導き出す活動で，探究は納得解や最適解を導き出す活動だと言い換えることもできます。このように「探求」と「探究」の違いを生徒に説明することで，学習に対する教師の願いが伝わり，生徒と教師が学習における目的意識を共有できます。それが，答えを探し求める学習から，自分なりの答えをつくり出す学習へと変化させることにつながります。

　したがって，課題の探究をする活動では，調べた内容を再編集したり，誰かの考えを引用したりするだけでは不十分です。自分なりの予想を立て，複数の資料を比較しながら論拠を明確にし，他者と議論しながら意見を形づくることが大切です。思考の過程を含めた意見が，生徒一人一人の独自の財産になるような探究の方法を設定しましょう。

第 **5** 章

「私たちと国際社会の諸課題」の授業展開&ワークシート

私たちと国際社会の諸課題

16 国際社会と国家

▶単元構想

単元の目標

○世界平和の実現と人類の福祉の増大のために，国家間の相互の主権の尊重と協力，各国民の相互理解と協力及び国際機構などの役割などが大切であることを理解する。

○日本国憲法の平和主義を基に，日本の安全と防衛，国際貢献を含む国際社会における日本の役割について多面的・多角的に考察し，構想し，表現する。

○国際社会に生きる日本国民として，各国が相互に主権を尊重し，各国民が協力し合うことの大切さを自覚し，平和の尊さについて理解しようとする。

単元を貫く学習課題

国際社会の問題を中学生が学ぶのは，どのような意味があるのか

各時間の目標

1	国際社会の理想と現実について関心を高めよう
2	領土問題の原因を理解しよう
3	国際法の役割について分類しながら考えよう
4	国際連合の役割と課題を理解しよう
5	地域統合の変化について予測しよう
6	国際社会における日本の役割について考えよう
7	市民の国際支援への関心を高めよう

評価規準

知識・技能	思考・判断・表現	主体的に学習に取り組む態度
ア 領土問題の経緯と日本の主張の正当性について理解している。	ア 主権尊重と人権保障の面から国際法の役割について考えている。	ア 日本を含めた国際社会に生じている問題を把握し，課題の解決に向けた関心を高めている。
イ 持続可能な開発のための国際機構の役割と課題を資料から理解している。	イ 地域統合の変化について根拠をもって考えている。	イ 平和と人類の福祉に関わる市民の活動に関心を高めている。
	ウ 日本の国際貢献の特色について考えている。	

▶単元の指導計画

時	ねらい	学習活動	○教師の指導　■評価

国際社会の問題を中学生が学ぶのは，どのような意味があるのか

1	【国際単元の導入】 国際社会に生じた問題を把握し，課題解決への関心を高める。	**国際社会の理想と現実について関心を高めよう** ・国際社会における問題を考え，分類してから詳細について調べる。 ・単元を貫く学習課題に対する現時点での予想を記入する。	○国際社会の問題の把握にブレインストーミングとKJ法を用いる。 ■態ア
2	【国家と領土】 領土問題の経緯と日本の主張の正当性について理解する。	**領土問題の原因を理解しよう（→ p.112）** ・KWLシートを使い，領土問題に対する学習の見通しを立てる。 ・領土問題の平和的解決への方法について考える。	○地理的分野や歴史的分野での領土に関する学習内容を生かす。 ■知ア
3	【国旗・国歌と国際法】 主権尊重と人権保障の面から国際法の役割について考える。	**国際法の役割について分類しながら考えよう** ・国連本部やオリンピックの写真から，国旗・国歌の役割について考える。 ・国際法の役割について，成文法と慣習法や成立した年代などを区分して考える。	○国旗・国歌の由来や意義を扱い，相互に尊重する態度を養う。 ■思ア
4	【国際連合のはたらき】 持続可能な開発のための国際機構の役割と課題を理解する。	**国際連合の役割と課題を理解しよう** ・国際連合の働きや概要を組織図から調べる。 ・SDGsの17のゴールと関連する国際機構は何か調べる。	○SDGsのピクトグラムのカードを用意し，調べ学習で活用する。 ■知イ
5	【世界各地の地域統合】 地域統合の変化について考える。	**地域統合の変化について予測しよう（→ p.114）** ・地域統合について，30年前から現在までの変化について調べ，30年後のあり方について予測して表現する。	○同心円チャートを使って考えさせる。 ■思イ
6	【国際社会における日本】 日本の国際貢献の特色について考える。	**国際社会における日本の役割について考えよう** ・核兵器廃絶に向けた世界と日本の取組について調べる。 ・ODAなどの成果と課題について考える。	○青年海外協力隊の実例を紹介する。 ■思ウ
7	【単元のまとめ】 平和と人類の福祉に関わる市民の活動に関心を高める。	**市民の国際支援への関心を高めよう（→ p.116）** ・国際支援について調べ，活動を支える願いについて考えさせる。 ・単元を貫く学習課題への考えをまとめる。	○活動している人のインタビューを紹介する。 ■態イ

第2時　領土問題の原因を理解しよう

1 導入　KWLシートで学習の見通しを立てる

「日本にはどのような領土問題があるか」と問い，KWLシートのKの箇所に知っていることを記入させる（ワークシートの❶）。記入した内容を発表させ，その中で地理的分野の復習として，国家の領域の三要素や排他的経済水域などの語句の定義を確認する。そして「領土問題についてわからないことやもっと知りたいことは何か」と問い，KWLシートのWの箇所に調べたいことを記入させ，学習の見通しをもたせる。

2 展開　領土問題について調査して解決しない原因を考える

　領土問題に関する外務省や地方公共団体発行のパンフレットやホームページを使って，領土問題について調べ，KWLシートのLの箇所に記入させる。特に，北方領土と竹島のいずれについても日本の主張の正当性に気付かせる。調べたことを確認した上で「なぜ日本の主張は正当なのに領土問題が解決しないのか」と問い，その理由を考えさせる（ワークシートの❷）。インターネットにつながる環境であれば，ロシアや韓国のホームページを翻訳させても良い。

見方・考え方を働かせるポイント ▸▸▸

　領土問題の平和的解決について，対立と合意の視点から国際法や歴史的経緯の面や各国の主張から多面的・多角的に考えることで解決策を探究し，見方・考え方を働かせる。

3 まとめ　平和的解決の道筋について探究する

　学習した内容を基に「領土問題の平和的解決のためにはどのようなことが大切か」と問う（ワークシートの❸）。本時の学習をしなくても書けるような表面的な考えに留めないように，調べたことを生かして小グループで議論させ，対立と合意の視点から考えをまとめさせる。

> ── ワークシートの解答例
>
> ❶　（Kの例）北方領土は北海道にあり，ロシアが占拠している。竹島は韓国が占拠している。　など
>
> 　　（Wの例）ロシアや韓国の主張。占領された経緯。尖閣諸島と中国の関係。　など
>
> 　　（Lの例）北方領土は歴史的にも結んできた条約からも，日本の領土である。竹島は江戸時代から日本の漁師が使い，明治時代に正式に日本の領土になった。　など
>
> ❷　（例）北方領土はロシアが戦争で得た領土と主張しているから。竹島は韓国が日本と異なる資料を基に自国の領土と主張しているから。　など
>
> ❸　（例）人的な交流や経済協力などを促進する。国際司法裁判所に付託する。
>
> 　　歴史的な事実については，領土問題に関わる双方の国の学者が共同で研究する。　など

単元を貫く学習課題 ▶ 国際社会の問題を中学生が学ぶのは，どのような意味があるのか

国家と領土

今日の目標 ▶ 領土問題の原因を理解しよう

1 日本の領土問題について考えよう。

K（知っていること）know	W（知りたいこと）want	L（学んだこと）learn

2 なぜ日本の主張は正当なのに領土問題が解決しないのか考えよう。

3 領土問題の平和的解決のために大切なことを考えよう。

第5時 | 本時の目標

地域統合の変化について予測しよう

1 導入　世界各地の地域統合や自由貿易協定の状況を把握する

　復習として「地理的分野で学んだ地域統合には，どのようなものがあったか」と問い，口頭でEUやASEANなどの代表的な地域統合を確認する。さらに，新聞記事を活用してTPPなどの広域な自由貿易の協定の交渉が進んでいることを理解させる。

2 展開　地域統合の推移について考える

　「地域統合は，この30年間でどのように変化したのか」と問い，同心円チャートの中央部に30年前の状況，２番目の円に現在の状況を調べて記入させる（ワークシートの❶）。さらに，「30年後には地域統合はどのように変化するだろうか」と問い，円の最も外側に予測を記入させる。根拠となる資料として，地域統合に関する新聞記事を集めたものを用意するか，生徒にインターネットを使って地域統合の展望と課題に関する情報を収集させる。

見方・考え方を働かせるポイント ▶▶▶

　　グローバル化と地域主義，自由貿易と保護貿易などについて，対立と合意，多様性の視点や，地理的分野における空間的な広がりの視点から考えることで見方・考え方を働かせる。

3 まとめ　地域統合の期待と課題について考える

　「地域統合はどのような方向性で変化するか」と問う。同心円チャートに記入した内容から地域統合の今後の方向性をまとめ，期待される面と課題を明らかにする（ワークシートの❷）。

ワークシートの解答例

❶ （例は右図）

　【補足】関連する事項を矢印でつなげさせる。
　内容は，語句や特色を必要に応じて記入させる。根拠は口頭で説明させる。

❷ （例）グローバル化が進む中で経済の連携協定は拡大し，効率的で地域格差のない，公正な貿易ができる。イギリスのEU離脱のように経済上の問題が生じ，自国優先主義が広まる。宗教や文化の違いによって，現在地域統合が行われている地域以外には広まらない。　など

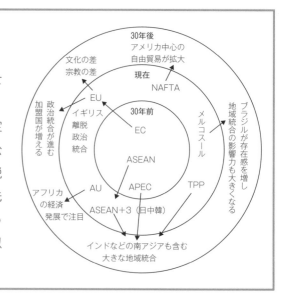

114

単元を貫く学習課題 ▶ 国際社会の問題を中学生が学ぶのは,どのような意味があるのか

世界各地の地域統合

今日の目標 ▶ 地域統合の変化について予測しよう

1 地域統合の変化の様子について調べ,将来を予測しよう。

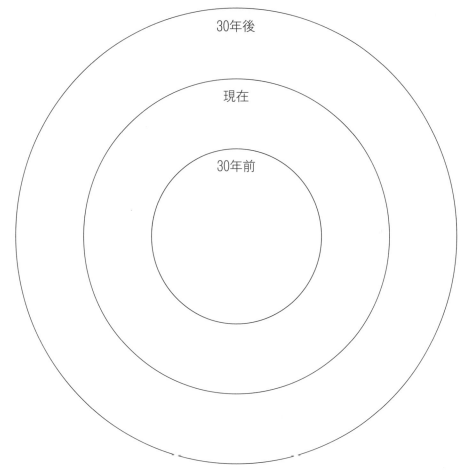

30年後

現在

30年前

2 地域統合はどのような方向性で変化するか。考えをまとめよう。

第**7**時 本時の目標
市民の国際支援への関心を高めよう

1 導入　民間の国際支援の例を理解する

　ピースウィンズ・ジャパンなど日本人が多く所属する NGO を取り上げる。可能であれば映像資料を見せると効果的である。また，海外での活動に加え，東日本大震災で日本の支援をした NGO を紹介する。政府が関わる支援とどのような違いがあるのか，関心をもたせる。

2 展開　民間の支援の長所について考える

　「**NGO はどのような活動をしているのか**」と問い，活動地域や活動分野の特徴を教科書の資料などから読み取らせる（ワークシートの**❶**）。活動地域については，地図を活用すると発展途上国での活動が盛んなことがわかる。続けて「**NGO のような民間の支援は，政府と比べてどのような良さがあるか**」と問い，効率と公正の視点から活動範囲の広さや即座に行動できる点を理解させる（ワークシートの**❷**）。民間による国際支援の意義を実感させたい。

> **見**方・**考え方を働かせるポイント** ▶▶▶
> 　民間の国際支援に関わる人の願いを含めて，活動の意義について効率と公正や国際協調などの視点から多面的・多角的に考えることで見方・考え方を働かせる。

3 まとめ　国際支援の背景にある願いについて考える

　実際に NGO で活動している人のインタビューなどの資料を提示する。可能であれば，スカイプなどで生徒と交流するか，ゲストティーチャーとして招くと良い。話を聞いた上で「**どのような気持ちで国際支援に関わっていると思うか**」と問い，層状のワークシートに考えを記入させる（ワークシートの**❸**）。支援の根幹に，人類の福祉の向上のために活動するという願いがあると気付かせる。最後に，別紙に単元を貫く学習課題に対する最終的な考えを記入させる。

　　ワークシートの解答例

❶　（例）国内のみでの活動は少なく，発展途上国を中心とした海外と国内の両方で活動する。
　　　　　福祉，環境，教育，貧困などの分野が多く，人材派遣が一般的である。　など

❷　（例）政府は予算に限りがあり，派遣までの手続きに時間がかかるが，NGO はすぐに行動できる。支援先も国同士の関係に左右されず，自分たちの考えでどの国でも支援できる。　など

❸　①（例）苦しく，厳しい状況に置かれ，支援が必要な人がいる。　など
　　　②（例）感謝されるから。経験が広がるから。困っている人を助けるべきだと感じるから。　など
　　　③（例）命や人権を守る。お互い様の精神で助け合う。困っている人のために自分にできることがあると知ったら，行動したくなる。　など

116

単元を貫く学習課題 ▶ 国際社会の問題を中学生が学ぶのは, どのような意味があるのか

市民の国際支援〜単元のまとめ〜

今日の目標 ▶ 市民の国際支援への関心を高めよう

❶ NGO の活動の地域や分野の特徴を資料から読み取ろう。

❷ 民間の支援には, 政府と比べてどのような良さがあるか考えよう。

❸ 国際支援に関わる人の願いについて考えよう。

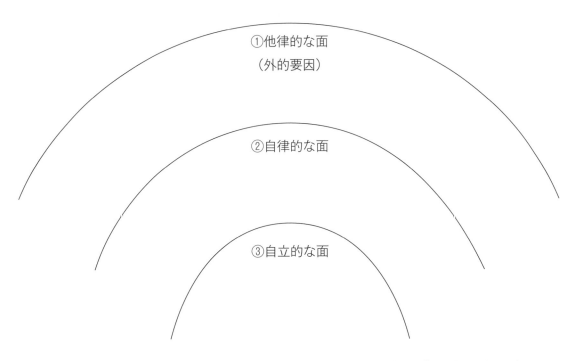

①他律的な面
（外的要因）

②自律的な面

③自立的な面

17 よりよい社会を目指して

▶単元構想

単元の目標

○持続可能な社会を形成する上で，地球環境，資源・エネルギー，貧困などの課題の解決のためには経済的，技術的な協力などが大切であることを理解する。

○よりよい社会を築いていくために解決すべき課題について，対立と合意，効率と公正，協調，持続可能性などの視点から多面的・多角的に考察し，構想し，表現する。

○よりよい社会を築いていくために解決すべき課題を考え続けていく態度を養う。

単元を貫く学習課題

未来をよりよい社会にするために，社会と自分をどのように変えるべきか

各時間の目標

1	あってよい違いとあってはいけない違いについて関心を高めよう
2	世界各地で対立が起きる原因を理解しよう
3	有限な食料や資源の適切な配分について理解しよう
4	環境問題への対策が進まない原因について考えよう
5	問題を把握して課題への関心を高めよう
6	持続可能な未来につながるルールを構想しよう
7	自分の主張が伝わる発表資料を作ろう
8	考えたルールをよりよくする方法を考えよう
9	よりよい社会の実現についての関心を高めよう

評価規準

知識・技能	思考・判断・表現	主体的に学習に取り組む態度
ア 世界の平和と人権保障の実現における様々な課題を理解している。	ア 地球環境問題の解決に向けた国際協力の課題について考えている。	ア 現代社会の様々な課題の原因に関心を高めている。
イ 人間の安全保障の実現の課題を理解している。	イ 課題解決の方法を構想し，表現している。	イ 自ら課題を適切に設定しようとしている。
ウ 探究したことを的確に発表資料にしている。	ウ 課題解決の方法について考えを広げている。	ウ 主体的に課題を考え続けようとしている。

▶単元の指導計画

時	ねらい	学習活動	○教師の指導　■評価

> ### 未来をよりよい社会にするために，社会と自分をどのように変えるべきか

時	ねらい	学習活動	○教師の指導　■評価
【世界の諸問題】 1 現代社会の様々な課題の原因に関心を高める。	あってよい違いとあってはいけない違いについて関心を高めよう（→ p.120） ・様々な違いの是非について議論し，その背景にある人権や福祉の問題を考える。 ・単元を貫く学習課題への予想を立てる。	○身近な例や世界の事例まで考えさせる。 ■態ア
【世界の紛争】 2 世界平和と人権保障の実現における様々な課題を理解する。	世界各地で対立が起きる原因を理解しよう ・ジグソー学習で地域紛争や核開発，人権問題について調べ，発表して交流する。 ・対立の背景にある原因について考える。	○歴史的分野の現代史の学習と関連させる。 ■知ア
【人間の安全保障】 3 人間の安全保障の実現の課題を理解する。	有限な食料や資源の適切な配分について理解しよう ・有限性と持続可能性の視点から，公正な食料や資源の配分について考える。	○有限性に着目させる。 ■知イ
【地球環境問題】 4 地球環境問題の解決に向けた国際協力の課題について考える。	環境問題への対策が進まない原因について考えよう（→ p.122） ・環境問題を巡る対立について調べる。 ・持続可能性に注目して，課題を乗り越える方法について考え，その是非を検証する。	○既習事項に加え，理科の学習内容を生かす。 ■思ア
【課題の設定】 5 自ら課題を適切に設定する。	問題を把握して課題への関心を高めよう ・探究する課題を設定し，課題の原因を分析し，解決に必要な対策を付箋で貼る。 ・議論の上で考えを補強，修正する。	○同様のテーマの班をつくって議論させる。 ■態イ
【課題解決の構想】 6 課題解決の方法を構想し，表現する。	持続可能な未来につながるルールを構想しよう（→ p.124） ・最も大切にすべき目標について考える。 ・目標達成への具体的な取組を構想する。 ・解決への障壁と対策について考える。	○法教育の視点を取り入れる。 ■思イ
【発表の準備】 7 探究したことを的確に発表資料にする。	自分の主張が伝わる発表資料を作ろう（→ p.126） ・発表のプロットを作り，プレゼンテーションソフトなどで発表資料を作成する。	○中間発表を行わせる。 ■知ウ
【発表と改善】 8 課題解決の方法について考えを広げる。	考えたルールをよりよくする方法を考えよう ・ポスターセッションで発表する。 ・評価を基に解決策を改善する。	○PMIシートで評価させる。 ■思ウ
【単元のまとめ】 9 主体的に課題を考え続ける。	よりよい社会の実現についての関心を高めよう ・調べた内容をはがき新聞にまとめる。 ・単元を貫く学習課題への考えをまとめる。	○校外に発信する。 ■態ウ

第1時 本時の目標

あってよい違いとあってはいけない違いについて関心を高めよう

1 導入　世の中にある様々な違いについて考える

「**世界に住む人々には様々な違いがある。例えばどのような違いか**」と問い，口頭で答えさせる。人種などの身体的な差異や宗教などの精神的な差異，暮らす地域などの社会的な差異，経済的な差異など，多種多様な違いがあることを確認する。

2 展開　「違いの違い」について考える

「**様々な違いの中で，あってよい違いとあってはいけない違いにはそれぞれどのようなものがあるか**」と問い，ワークシートの9つのカードを分類させる（ワークシートの❶）。カードの内容は，実際にある違いを取り上げて作成する。分類した結果を小グループで議論する。議論の中で，分類が違うところに注目させると，生徒同士の価値観の違いや，それぞれのカードの状況が示す問題点が次第に明らかになる。小グループで論争になった点を全体で取り上げ，意見を求める。その上で「**あってよい違いとあってはいけない違いは，何が違うのか**」と問い，「違いの違い」の基準について考えをまとめさせる（ワークシートの❷）。その際，これまで学習してきた基本的人権の保障や人類全体の福祉の向上の面から考えさせる。

> **見方・考え方を働かせるポイント ▶▶▶**
>
> 世界にある様々な違いの是非について，個人の尊重や自由，平等，選択などの視点から考えることで見方・考え方を働かせ，現在の国際社会の抱える問題を的確に把握させる。

3 まとめ　国際的な対立の原因について考える

宗教や民族の違いが紛争の原因になることを確認して，「**なぜ，違うことが対立の原因になるのか**」と問う（ワークシートの❸）。発表させ，世界の様々な問題の背景に関心を高めさせる。最後に，ワークシートの単元を貫く学習課題の欄に「**未来をよりよい社会にするために，社会と自分をどのように変えるべきか**」と記入し，予想を別紙のワークシートに書かせる。

┌─ **ワークシートの解答例** ─

❶ （略）【補足】絶対的な答えはなく，振り分けた根拠が重要であることや，絶対的な答えがないからこそ対立や紛争の原因となることに気付かせる。

❷ （例）あってよい違いは，多様性を認めるもの。あってはいけない違いは人権が保障されていない。あってはいけない違いは，個人の選択の機会や能力を発揮する機会を奪う。　など

❸ （例）違いが相手に対する無理解や差別につながる。価値観の違いが憎しみにつながる。民族や宗教が違うと所属する集団が変わるため，利益を巡って集団同士の対立が起きる。　など

世界の諸問題

今日の目標 ▶ あってよい違いとあってはいけない違いについて関心を高めよう

❶ 次の①〜⑫の違いを，あってよい違いとあってはいけない違いに分けよう。

あってよい	あってはいけない	
①中学生のAさんは化粧をすると指導されるが，B先生は髪を茶色に染めて化粧をしている。	②Cさんは怖い先生の言うことはよく聞くが，怖くない先生の言うことは聞かない。	③インドネシアの学校に通うムスリムのDさんはスカーフを着用できるが，フランスの学校に通うEさんは，禁止されている。
④10歳のFさんは毎日学校に行っているが，ベトナムのGさんは毎日路上でガムを売っている。	⑤日本は誰もがインターネットにアクセスできるが，北朝鮮の国民はアクセスが制限されている。	⑥日本のHさんは恋愛をして20歳で結婚したが，ニジェールのIさんは13歳で見知らぬ人と結婚させられた。
⑦日本の平均寿命は84.2歳だが，シエラレオネは53.1歳である。【参考】世界保健統計2018	⑧日本や中国，韓国では食事の時に箸を使うが，インドでは指を使う。	⑨アメリカは6000基以上の核兵器を保有するが，北朝鮮が保有しようとすると制裁を受ける。

❷ あってよい違いとあってはいけない違いは，何が違うのか考えよう。

❸ なぜ，違うことが対立の原因になるのか考えよう。

◀ 単元を貫く学習課題 ▶

第**4**時 本時の目標
環境問題への対策が進まない原因について考えよう

1 導入　他の分野や理科と関連付けながら地球環境問題について確認する

これまでの環境問題に関する学習を振り返って「**現在，どのような地球環境問題があるか**」と問い，口頭で答えさせる。地球温暖化を取り上げ，理科の学習と関連付けて原因を確認する。

2 展開　バタフライチャートでパリ協定の義務化の賛否を検討する

教科書の京都議定書の記載を使って概要や課題を確認する。次に，環境省のホームページなどでパリ協定の概要を調べさせ，画期的な点を考えさせる（ワークシートの❶）。その上で，目標達成が努力義務である点を取り上げて「**削減目標を義務化すれば排出はさらに削減される。その案についてどのように考えるか**」と問い，バタフライチャートを用いて賛否を検討し，議論させる（ワークシートの❷）。検討の際に，アメリカが離脱の方針を示していることと，その理由を紹介する。時数に余裕がある場合は，2時間扱いにしてディベートを行う方法もある。

見方・考え方を働かせるポイント ▶▶▶

温室効果ガスの削減方法について，対立と合意，効率と公正や持続可能性の視点に着目させ，賛否についての複雑な背景を多面的・多角的に考えることで見方・考え方を働かせる。

3 まとめ　地球環境問題の解決の原則について考える

「**地球環境問題を巡る対立の解消には，どのようなことが大切か**」と問い，パリ協定の義務化に関する議論を通して，課題解決に向けた原則について考える（ワークシートの❸）。地球環境問題は各国の利害が対立して解決が困難であるが，解決が不可能ではないことを理解させる。

--- ワークシートの解答例 ---

❶ （例）途上国を含むすべての参加国に歳出削減の努力を求めていること。各国の削減（抑制）目標は，自主的に策定するのが認められているため，公平性と実効性が高いこと。　など

❷ ①（例）今後，削減目標を低く設定する国や数値をごまかす国が出るおそれがある。　など

　②（例）各国の自主性が失われる。義務化すると離脱国が増えるおそれがある。　など

　③（例）どの国も守るようになり公平性が増す。政権が代わっても削減が実行される。　など

　④（例）協定の効力（実効性）が強まり，温室効果ガスの削減が確実に行われる。　など

❸ （例）経済と環境を両立するために，環境を改善するための現実的な目標を設定する。各国が合意のための対話と交渉を重ねる。各国で最低限，共通して守るルールを決めながら，幅のある対策を考える。合意に反対する国に対して，将来の経済的な利益を考えて持続可能な対策を取る必要性を伝える。途上国に対する技術的・経済的な支援をする。　など

単元を貫く学習課題 ▶ 未来をよりよい社会にするために，社会と自分をどのように変えるべきか

地球環境問題

今日の目標 ▶ 環境問題への対策が進まない原因について考えよう

❶ 京都議定書と比べて，パリ協定はどのような点が画期的かまとめよう。

❷ パリ協定の削減目標を義務化することへの賛否を考えよう。

②大反対　　　　　　　　　　　　　　　　　　　　　　　④大賛成

①反対　　　　　　　　　　　　　③賛成

論題

パリ協定の削減目標を義務化する

❸ 地球環境問題を巡る対立の解消には，どのようなことが大切か考えよう。

本時の目標

持続可能な未来につながるルールを構想しよう

1 導入　課題の解決に最も大切な目標を設定する

　本時は課題の探究をする活動として行う第５時から第９時までの５時間扱いの学習の１つで，課題解決の構想を練る時間に当たる。社会科の学習のまとめでもある。本実践は５時間という最小限の時間で探究を行うが，時間を確保したい場合は，年間指導計画を工夫すると良い。

　導入では，前時で立てたテーマや課題の原因を振り返りながら**「課題を解決するために最も大切だと考える目標は何か」**と問い，最大の目標を考えさせる（ワークシートの**❶**）。

2 展開　最大目標を達成するための取組を考える

　最大の目標を達成するために必要な取組について，有形と無形に分けて考えさせる（ワークシートの**❷**）。メモとしてノートに他の思考ツールを使いながら考えを整理させてもよい。有形の取組に関わっては法教育の発想を取り入れ，現代の社会を変えるためには様々なレベルでの法を構想することが有効であると気付かせ，条約や国内の法律，条例などを考えさせる。

見方・考え方を働かせるポイント ▸▸▸

　自ら設定した現代社会のおける課題に対して，対立と合意や民主主義，国際協調などの視点に着目させ，その解決策を構造的かつ具体的に考えることで見方・考え方を働かせる。

3 まとめ　目標達成への障壁と解決方法を考える

「最大の目標達成への障壁は何か」と問い，障壁と解決策について考えさせる（ワークシートの**❸**）。主張に対する反論を考えることにもなるため，課題解決への構想が論理的になる。

┌─ ワークシートの解答例 ─

【補足】以下に「世界の貧困」を課題として設定し，マララ・ユスフザイさんの活動を参考にして「子どもの力で世界から貧困をなくす」と考えた生徒の構想の例を紹介する。

❶　（例）未来を変えるのは子どもの力なので，子どもの貧困を減らす。　など

❷　（有形の例）SDGsの目標１（あらゆる場所のあらゆる形態の貧困を終わらせる）を達成するために，環境問題におけるパリ協定のような各国が参加する協定を結ぶ。子どもの貧困解消に向けた国連決議や国会決議を行う。子ども食堂への補助を学童保育の支援のように行う。　など

　（無形の例）SNSでの貧困SOSを促して支援する。途上国の貧困支援のNGOや子ども食堂の運営者へのクラウドファンディング。貧困の支援をしていることの動画を配信する。　など

❸　（障壁の例）支援の対象が広すぎて活動ができない。　など

　（解決策の例）どこか１か国の支援に絞り，実績を残しPRする。他の活動と連携する。　など

単元を貫く学習課題 ▶ 未来をよりよい社会にするために，社会と自分をどのように変えるべきか

課題解決の構想

今日の目標 ▶ 持続可能な未来につながるルールを構想しよう

1 課題を解決するために最も大切だと考える目標は何か，考えよう。

2 目標の達成への取組を考えよう。

有形①	有形②	無形①	無形②

有形③	有形④	無形③	無形④

3 目標達成への障壁と解決策について考えよう。

障壁	解決策

第**7**時	本時の目標

自分の主張が伝わる発表資料を作ろう

1 導入　発表のプロットの概要を決める

　第5時と第6時の内容を基に，課題の解決に向けた発表資料を作成する。まず発表会の条件（時間やスライド資料の枚数）を提示する。1時間で発表を終える場合は，屋台村方式でも2分前後，スライド資料は4～6枚程度に設定する。まずは発表の流れを可視化させるために，プロット図を作成させる。ワークシートの例を参考にプロット図のイメージをもたせる。

2 展開　プロット図と発表資料を作成する

　「主張を的確に伝えるためには，どのような発表の構成にすれば良いか」と問い，プロット図を作成させる（ワークシートの❶）。プロット図は，左側から導入部（テーマ），上昇部（原因や問題点，解決の方向性など），クライマックス（主張），下降部（主張の補足や根拠），終末部（主張の再確認や課題の提示）という流れにするように促す。プロット図を基に，発表用のスライド資料を作らせる。プレゼンテーションソフトの使用が難しい場合や生徒がアナログな方法を望む場合は，画用紙に紙芝居のように表現する方法などを用いると良い。

> **見方・考え方を働かせるポイント ▶▶▶**
>
> 　対立と合意や民主主義，国際協調などの視点から現代社会に見られる課題の解決を構想し，その内容を的確に表現させることで，複数の立場や意見を踏まえて構想する力を養う。

3 まとめ　中間発表を行って資料を修正する

　ペアや3～4人の小グループ内で発表を行い，お互いに助言をして発表資料を修正させる。その際に，プロット図を見せながら意見を交流させると，プロットに改善の余地があるのか，プロットは良いが資料の作成方法に問題があるのかが明確になる。

ワークシートの解答例

❶　（例は右図）

【補足】フローチャートやステップチャートのような別の思考ツールを活用させても良い（生徒の判断を尊重する）。右の例は，第6時で紹介した生徒のプロットを修正したものである。

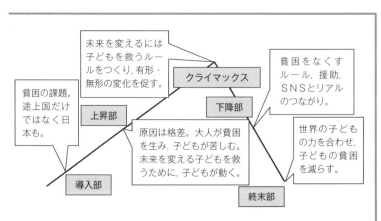

単元を貫く学習課題 ▶ 未来をよりよい社会にするために，社会と自分をどのように変えるべきか

発表の準備

今日の目標 ▶ 自分の主張が伝わる発表資料を作ろう

❶ 発表のためのプロット図を作成しよう。

（例）クライマックスが1つ　　　（例）クライマックスが2つ

「単元を貫く学習課題」に対するまとめの例

付録の使い方

　本書で提案した単元を貫く学習課題のまとめの例を紹介します。すべて，実際の生徒（勤務校である函館市立亀田中学校の生徒）のまとめを若干改変したものです。まとめのポイントは２点です。「現代社会の見方・考え方」を働かせながら考察した内容であることと，各単元の内容の中心となる概念や語句を含んだ表現であることです。

　単元を貫く学習課題のまとめの方法については，基本的には文章で表現する形を用いています。そして，単元の最初と最後の生徒の考えの変容に注目し，主体的に学習に取り組む態度の観点の評価資料として活用しています。ただし，生徒の実態によっては，文章でまとめるのが困難な場合があります。その場合は，重要な語句や概念的な知識として重要な部分を空欄にして埋める形にする方法もあります。ただし，繰り返して行うことで，大多数の生徒が10分以内に200字以上のまとめを書くことができるようになるので，文章での記述を勧めます。

　また，ポスターや新聞の作成やプレゼンテーションのような，いわゆるパフォーマンス課題の形で単元のまとめを行う場合もあるでしょう。ICT 機器を活用してスライドを共同編集するような例も，今後は増えるでしょう。文章以外のまとめを行う際にも，下の解答例にある語句や表現が含まれていると，単元の目標に到達したと判断できます。参考にしてください。

1　私たちが生きる現代社会

単元を貫く学習課題　私たちの生活は20世紀と21世紀でどのように変化したのか

　私たちの生活は，20世紀と比べて大きく３つの点で変化した。１点目はグローバル化で，人や物やお金や情報が国境を越えて動くようになったが，独自の文化がなくなる心配もある。２点目は情報化で，コンピューターやインターネットが発達し，様々な情報を素早く簡単に手に入れることができるようになった。しかし，情報の格差や，インターネットを利用した犯罪という新しい問題も起きている。３点目は少子高齢化で，労働力の減少によって産業や地域の衰退する問題が起きているが，政府は子育てを支援する法律をつくって対策をしている。このように，21世紀は20世紀と状況が変わっている。

2　現代につながる伝統と文化

単元を貫く学習課題 ▶ 新しい技術と伝統的な文化は生活の中でどのように共存しているか

　日本は伝統的に技術が高く，職人が工夫を重ねてきた文化がある。現代でもその特徴が受け継がれ，他国には見られないような独創的な技術や発明がある。また，伝統的な建造物の設計を生かしたり，伝統産業の技術を最新の材料に応用したりした物がある。

　また，科学が発展した現代でも，神道や仏教などの宗教に由来する年中行事が受け継がれている。さらに，キリスト教などの宗教を取り入れた新しい行事が定着するなど，様々な宗教を受け入れる雰囲気がある。

　文化の発信については，日本の書道や茶道などの伝統文化に加え，数十年の歴史をもつ日本の漫画やアニメが海外で人気になり，世界から注目されて交流の機会を生んでいる。

3　私たちがつくるこれからの社会

単元を貫く学習課題 ▶ なぜ社会にはルールがあるのか

　社会にルールがある理由は，社会集団のメンバーが安全に平等に生活しながら，充実した暮らしを送るためである。そのため，誰かが犠牲になるようなことがないように対立を解決して，皆が納得できるように合意をしてルールを決めることが大切である。また，ルールを作っていく時には，無駄がないようにすることと，話し合いの手続きにみんなで参加して，話し合った結果が一部の人だけ得をすることがないようにすることも大切である。そして，ルール作りに関わることで，ルールを守ろうとする意識が生まれるし，状況が変わると新しいルールをつくることができるようになる。

4　民主主義を支える日本国憲法

単元を貫く学習課題 ▶ なぜ国には憲法が必要なのか

　憲法がない時代は，王や独裁者による人の支配が行われ，国民の人権が守られていなかった。憲法ができたことで，法の支配がされるようになった。日本では国民主権，平和主義，基本的人権の尊重の原則が定められている。また，間接民主制であり，選挙で選ばれた政治家が代表して政治をする。政治家が変わっても法に従って政治を行うので，立憲主義が守られるようになっている。

世界や日本の歴史を調べると，人権を守るための戦いや運動の結果，憲法が作られた。そして，今もこれからも憲法を守ることや，内容をもっと良くする努力が大切である。

5　憲法が保障する基本的人権

単元を貫く学習課題　人権保障に大切なのは，法をつくることと法を守ることのどちらか

【どちらかを選んだ例】

　人権保障に大切なのは，法をつくることである。その理由は２つある。１つは，人権の歴史を見ると，自由権，平等権，社会権のように，時代によって人権が広がっているが，どれも憲法ができたことで保障されているからである。２つ目は，差別を憲法で禁止しても，現実には差別がある場合に，新しい法で差別を減らすことができるからである。例えば，男女雇用機会均等法や男女共同参画社会基本法などである。法を守らせるための法をつくることができるので，人権保障に大切なのは，法をつくることである。

【どちらとも大切だと考える例】

　人権保障には，法をつくることと法を守ることのどちらも大切である。個人の人権を尊重するためには，憲法の考えを具体的にした法律をつくることが大切である。

　例えば平等権では，法律上の差別がなくても，人の心の中に差別する気持ちがあれば，差別は隠れて起こり，生活の中でつらい思いをする人が出てくる。したがって，法律をつくった後に，その法律がつくられた理由を広めて，学校で法律の価値を学んで，法律を守る気持ちをみんなでもつことが大切である。

6　私たちの平和主義

単元を貫く学習課題　あなたが考える平和とはどのような状態か

　私が考える平和とは，日本と世界に戦争がないことが，今もこれからも続く状態である。そして，日本の中でも争いや差別がなく，安心して暮らせる状態である。

　日本は徹底した平和主義の国で，軍隊をもたずに自衛隊を設置している。自衛隊は国の安全の他に，東日本大震災などの災害で活躍し，外国では PKO の活動を行っている。また，日本とアメリカは日米安全保障条約を結んで協力しているが，沖縄にアメリカの基地が集中し，犯罪の問題や移転問題がある。将来の日本や世界の平和のために，基地の問題や自衛隊の海外での協力活動が良いのかどうかなどを考えていかなければいけない。

7 民主主義と日本の政治

単元を貫く学習課題 民主主義の優れた点を生かすにはどのような工夫が必要か

　民主主義の優れた点を生かすためには，様々な立場の人の意見を生かす工夫が大切である。国民の自由や権利を守るために，代表者である国会議員や議院内閣制で行政を担当する内閣や公務員に，国民の意思を反映しなければいけない。そのためには，選挙で積極的に意見を示し，投票の前に政治の課題について考え，投票の後も政治家の活動をチェックすることが大切である。また，インターネットやSNSを使って情報を集め，発信することで，高齢者だけではなく若者の意見を政治に生かすように工夫することが，これからの時代は効果があり，様々な意見が増えるので民主主義を守ることになる。

8 司法権の独立と裁判

単元を貫く学習課題 もし裁判がなかったら，私たちはどのようなことに困るのか

　裁判は，私たちの人権を守るために必要なので，公正な裁判がなかったら人権が侵害される状況が続く可能性がある。また，民事裁判でのトラブルが解決できないため，個人の力関係でトラブルを解決するようになると，世の中が混乱する。また，犯罪が増えることや，逆に警察などが犯罪者に直接に罰を与えるような危険な国になるかもしれない。だから裁判が必要である。また，裁判をする制度を守るだけではなく，国民の意見が生かされて国民が納得できるような裁判にすることも大切である。困った時に人権が尊重されるためには，国民が裁判に参加する工夫や，裁判の情報が伝わりやすくする工夫が必要である。

9 地方自治と住民参加

単元を貫く学習課題 中学生が自分たちの住む町のためにできることは何か

　中学生が自分たちの住む町のためにできることは2つある。1つは，意見を述べることである。中学生だから大人が意見を聞いてくれるということがあるし，将来の地域の問題は中学生にとっても大きな問題なので，積極的に意見を述べて発信することが大切である。学校では市役所の人に説明をしたが，地域の人や親にも考えを伝えていくことが大切だとわかった。2つ目は，自分の住む地域について考えることである。国の問題よりも小さいかもしれないが，身近だから大切な問題があることをわかって，自分のこととして考える

ようにする。3つ目は，地域のイベントに参加することである。部活でイベントに参加するなど，自分ができることを行動して，地域を元気にすることが大切である。

10　消費生活と市場経済

単元を貫く学習課題　なぜ世界に市場経済の仕組みが広まったのか

　世界に資本主義や市場経済の仕組みが広まったのは，市場経済が様々な条件の中で合理的に選択すれば生活が豊かになる経済の仕組みで，多くの人や国が受け入れやすいからである。限りがあるお金や時間を有効に使って，考えながら財やサービスを手に入れることで，生活に満足できるようになる。価格が決まる仕組みも，市場経済では需要と供給によって均衡価格が決まるため，多くの人が納得できる価格になる。また，最近はコンピューターが発達して，貨幣だけでなはなく，インターネット決済や仮想通貨（暗号資産）のような新しい支払いの方法が生まれているが，問題もある。

11　生産の仕組みと企業・金融

単元を貫く学習課題　中学生社長になって活躍するにはどのような工夫が必要か

　中学生でも，資本があれば書類を用意して本当に社長になることができる。しかし，活躍するためには，面白いアイディアと，実行する力が必要である。また，どのような人をどのくらい雇うかを決めることや，他の企業と協力する内容を決めることも社長としては大切である。さらに，資金を調達するために，間接金融や直接金融の仕組みを理解して，会社の状況にあった方法を考えることも大切である。
　また，利益を出すだけではなく，社会に貢献するためのCSRも大切である。芸術活動を支援することや，環境保護の活動，貧しい子どもを助ける活動などである。

12　働く意義と労働条件の改善

単元を貫く学習課題　50年後まで働くために大切なことは何か

　50年後まで働くために大切なことは2つある。1つは，ワーク・ライフ・バランスである。仕事のやりがいを見つけながら，自分の夢を叶えるようにする。同時に，過労死にならないように生活を充実させて，趣味や家族の時間を大切にする。もう1つ大切なのは，

働く環境を守ることである。50年後は，AIによって仕事が変わる。仕事の形を変えたり，人間にしかできない仕事を見つけたりして，法律で決まった労働時間の中で働き，生活に十分な収入を得るようにする。そのために，働く仲間と協力することも大切である。

13　国民の生活と福祉の向上

単元を貫く学習課題　市場の働きで解決が難しい経済の問題をどのように解決すれば良いか

　　市場の働きにすべて任せると，効率が重視されて公正ではなくなることがある。そこで，政府が社会資本の道路などを整備し，環境保護のための支援をすることが必要である。また，経済的に厳しい状況にある人や，高齢者や子どものために社会保障を充実させることも大切である。また，市場経済で利益を得ようとして，企業が消費者をだます可能性がある。それを防いで消費者の権利を守るために，消費者の保護も必要である。
　　このように，市場の働きを大切にしながら，競争の中で起きる問題の対策を行って解決することで，市場の働きが公平になり，皆がよりよい生活をできるようになる。

14　財政と政府の役割

単元を貫く学習課題　今後，国はどのような分野に財源を多く配分すべきか

　　今の国民だけではなく，将来のことを考えて財源を配分すべきである。少子高齢化で高齢者が増えているが，高齢者のためだけに健康保険料や年金を増額すると，財源がなくなる。公助だけではなく自助や共助の考えを取り入れて，政府以外の支援を考えることが大切である。また，将来のことを考えると，国の借金が増え続けるのは問題である。そのためにも，無理のない歳出をして，お金の代わりにできる行政サービスや，企業のCSRや市民のNPOと協力した活動が必要である。そして，将来に国を背負う子どものために，子育てや教育の予算を増やすべきである。他にも，財源不足が大きな問題なので，税を納める意味を国民が理解するように，政府は税の使われ方を丁寧に説明する責任がある。

15　これからの日本経済の課題

単元を貫く学習課題　現在の日本は，20世紀と比べて経済上の課題が増えているか

　　世界恐慌のような戦争の原因になる課題は起きていないが，新しい課題が生まれて増え

ている。20世紀よりもグローバル化が進み，世界の経済が成長しているため，問題が起きると様々な国に影響が出る。日本国内では少子高齢化や過疎化，グローバル化の競争の影響があるが，経済はあまり成長しなくなっている。人口が減って経済成長が止まってきている中で，利益と負担のバランスを考えて経済活動を行うことが大切である。また，グローバル化や情報化を利用して，日本や世界各地の人と協力することも大切である。

16　国際社会と国家

単元を貫く学習課題　国際社会の問題を中学生が学ぶのは，どのような意味があるのか

中学生の今，国際社会の問題を知っても解決はできない。しかし，今から考えて，小さなことでも行動に移すことで，将来が変わるきっかけになる。例えば，違う国同士でもお互いの国のことを尊重し合って理解し合うことで，将来に領土問題などの国際的な問題が解決できるようになるかもしれない。離れた所の問題でも，皆で考えるのが民主主義だ。

また，自分たちが今から行動することで，大人を変えることができるかもしれない。中学生同士が文化を交流したりSNSでメッセージをやりとりしたりすることでつながると，企業や国同士が関心をもって，友好のきっかけになることがあると思う。

17　よりよい社会を目指して

単元を貫く学習課題　未来をよりよい社会にするために，社会と自分をどのように変えるべきか

社会を変えるために，自分の考え方や行動を変えることが大切である。自分を変える点は，3つある。1つ目は，世界の様々な人とつながることである。世界の人とつながる前に，学校や近所の人や国内の人と一緒につながることも大切である。自分一人ではできないことでも，協力し合うとわかったり行動できたりすると思う。2つ目は日本や世界の問題に責任をもつことである。自己中心的な人が増えれば，世の中全体がだめになってしまう。世界に様々な問題があることがわかったので，先進国の日本に住む人間として，問題に対する責任感をもつことが大切である。3つ目には，政治への意識を高くもって，できる活動に参加することである。問題に興味をもって調べるだけでも意味がある。さらに政治的なことを話し合って発信して，政治の関心を形に変えることが大切である。この3つのことを行動すれば，中学生でも社会のためになる。そして，社会を変えることができる。

あとがき

　まずは『単元を貫く学習課題でつくる！中学校地理の授業展開＆ワークシート』と『単元を貫く学習課題でつくる！中学校歴史の授業展開＆ワークシート』に引き続き，公民編を発刊できたことをうれしく思います。昨年発刊した２冊については，購入した方々や所属する函館市中学校社会科教育研究会の先生方から，温かい言葉をいただきました。いただいた声を生かしながら，公民的分野での学習が小学校から中学校までの９年間の社会科のまとめとしてふさわしい内容になるように，単元の構成や学習展開を精査しました。

　さて，単元を貫く学習課題については，「主体的・対話的で深い学び」の実現のためにこの１年間で導入が進んだように感じます。しかし，すべての単元での導入は，時間の制約や準備の大変さなどから敬遠され，全体の中の一部の単元に留まることが多いようです。本書を活用することで負担が軽減され，一貫した学習指導を継続できるようになります。

　社会科教員を勤めていると「社会は暗記だから覚えれば何とかなる」という声を生徒からも保護者からも，そして同僚からも聞くことがあります。現行の入試を含めたテストに，そのような側面があることは否定しません。しかし，暗記でテストは解けても，現代社会の課題は暗記では解決しません。社会がどのように変化しても柔軟に対応し，協働の中でよりよい社会をつくる力を育成するためには，単元を貫く学習課題のような高次の問いが不可欠です。

　なお，本書で紹介した実践は，函館市立亀田中学校の生徒たちと学んできた内容を基本としています。本書は，授業で関わってきた延べ1000名を超える生徒たちの学習の成果にほかなりません。また，函館市中学校社会科教育研究会の一員として学んできたことが，私の授業の基礎になっています。10数年前，新卒２年目の時に北海道社会科教育研究大会の授業者にしていただいた経験が，私の転機となりました。同研究会の会員の先生方やOB・OGの先生方に，この場を借りて改めてお礼申し上げます。

　そして，何より明治図書出版の大江文武さんには，地理編と歴史編に続いて本書の出版の機会を与えていただき，様々な編集の労をとってくださいました。企画の段階から本書の構成に至るまで多くの示唆をいただいたことで，自信をもって世に出せる一冊になりました。特に，新学習指導要領に沿って全単元を扱う本は前例がないため，単元の配列や内容について，締め切り間際までご相談に乗っていただきました。大江さんに，心よりお礼と感謝を申し上げます。

　生徒に社会で生きる力を養うのは，社会科の使命です。生徒がわかる喜びを実感し，自らの可能性を引き出すような学びにするためには，時代に即した学習指導の改善が不可欠です。社会科の学習を通して身につけたことが生徒の今に役立ち，将来にはさらに役立つような学びの場をつくるために，本書が一助となれば幸いです。

2020年１月

川端　裕介

【著者紹介】

川端　裕介（かわばた　ゆうすけ）
現在，北海道函館市立亀田中学校に勤務。
1981年札幌市生まれ。北海道教育大学札幌校大学院教育学研究科修了（教育学修士）。函館市中学校社会科教育研究会研究部長。NIE アドバイザー。マイクロソフト認定教育イノベーター（MIEE）。函館市南北海道教育センター研究員。
社会科教育では，平成24年度法教育懸賞論文にて公益社団法人商事法務研究会賞，第64回読売教育賞にて社会科教育部門最優秀賞，第29回東書教育賞にて奨励賞などの受賞歴がある。また，学級通信を学級経営に活用し，第13回「プリントコミュニケーションひろば」にて最優秀賞・理想教育財団賞，第49回「わたしの教育記録」にて入選などの受賞歴がある。
［著書］
『豊富な実例ですべてがわかる！中学校　クラスが輝く365日の学級通信』（2018）
『単元を貫く学習課題でつくる！中学校地理の授業展開＆ワークシート』（2019）
『単元を貫く学習課題でつくる！中学校歴史の授業展開＆ワークシート』（2019）いずれも明治図書出版

中学校社会サポートBOOKS

単元を貫く学習課題でつくる！
中学校公民の授業展開&ワークシート

| 2020年2月初版第1刷刊 | ©著　者 | 川　　端　　裕　　介 |
| 2022年1月初版第5刷刊 | 発行者 | 藤　　原　　光　　政 |

発行所 明治図書出版株式会社
http://www.meijitosho.co.jp
（企画・校正）大江文武
〒114-0023　東京都北区滝野川7-46-1
振替00160-5-151318　電話03(5907)6702
ご注文窓口　電話03(5907)6668

＊検印省略　　　　組版所 広 研 印 刷 株 式 会 社

本書の無断コピーは，著作権・出版権にふれます。ご注意ください。
教材部分は，学校の授業過程での使用に限り，複製することができます。

Printed in Japan　　　　ISBN978-4-18-275016-8
もれなくクーポンがもらえる！読者アンケートはこちらから→